監修者――五味文彦／佐藤信／高埜利彦／宮地正人／吉田伸之

［カバー表写真］
藤原国能夫妻と家人
（『石山寺縁起』）

［カバー裏写真］
夢で子孫繁栄の託宣を聞く藤原吉兼夫妻
（『春日権現験記絵』）

［扉写真］
晴雅律師の実家の厨房
（『春日権現験記絵』）

日本史リブレット 20

中世の家と性

Takahashi Hideki
高橋秀樹

目次

「北条政子」の誕生

北条政子《ほうじょうまさこ》。

その名を知らない人は少ないだろう。伊豆《いず》の武士北条時政《ときまさ》▲の娘で、鎌倉幕府《かまくらばくふ》をつくった源 頼朝《みなもとのよりとも》の妻、二代将軍頼家《よりいえ》・三代将軍実朝《さねとも》の母である。現在の中学校歴史教科書に名前が登場する唯一の中世女性であり、後鳥羽上皇《ごとばじょうこう》の挙兵に動揺する御家人《ごけにん》たちに対して、頼朝の御恩《ごおん》を説いて結束を訴えかける『承久記《じょうきゅうき》』の一節が、史料として教科書に掲載されていることも多い。

そんな有名人である「北条政子」を、夫頼朝も、父時政も知らないといったら、多くの読者は驚くにちがいない。もちろん彼らは彼女の顔や、彼女の人となりは知っている。知らないのは「北条政子」という名前である。なぜなら、彼女に

●――政子像（鎌倉市安養院《あんよういん》） 北条政子（一一五七～一二二五）。

▼北条時政　一一三八～一二一五。時方《ときかた》の男。伊豆国北条を本拠とする武士。源頼朝の外戚《がいせき》として鎌倉幕府の初代執権《しっけん》となった。

「政子」という名前がつけられたのは、一二一八(建保《けんぽう》六)年であり、頼朝の死から一九年後、時政の死から三年後のことだからである。

「政子」と名づけられたのは、従三位《じゅさんみ》の位を朝廷《ちょうてい》から授与されるのに際して、位記《いき》▲などの文書に名を記す必要があったためであり、父時政の一字をとって便宜的に「政子」とつけられたにすぎなかった。すでに出家していた彼女は尼御台《あまみだい》所《どころ》と呼ばれており、その後、二位の位をえてからは「二位の尼」「禅定二品《ぜんじょうにほん》」と呼ばれた。おそらく彼女が「政子」の名を称したことも、同時代の人が彼女を「政子」と呼んだこともなかったと思われる。

この時代では、位を有している特別な女性のみが「嘉字《かじ》(良い字)+子」型の名前をもつことができた。頼朝の娘の「大姫《おおひめ》」という名は長女をさす一般名詞であり、今でいえば「上のお嬢ちゃん」というような呼称である。下の娘は乙姫《おとひめ》と呼ばれている。乙姫は三幡《さんまん》という名前をもっていたが、これは子どもにつけられる童名《わらわな》であり、成人名ではなかった。中世のほとんどの女性は、「姉子《あねのこ》」「太子《おおいこ》」「三子《さんのこ》」などの出生順に基づく名か、男女の区別なくつけられる童名しかもっていなかった。『真名本曾我物語《まなほんそがものがたり》』▲は政子の童名を「万寿《まんじゅ》」、『仮名本《かなほん》曾我物語』は「朝《あさ》

▼**位記**　位階《いかい》を授けるときにつくられる公文書。女官《にょかん》などの女性に位階を授けるときの位記は中務省《なかつかさしょう》が作成した。

▼**『曾我物語』**　一一九三(建久《けんきゅう》四)年に起きた曾我兄弟の仇討ち事件を描いた軍記物語。鎌倉時代末期に成立した漢文体の真名本と、室町時代につくられた仮名本とがある。

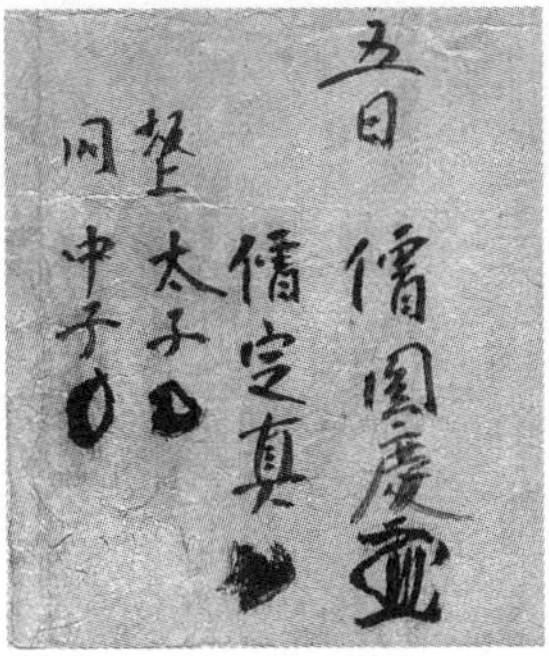

●—女性の署名（「僧円慶《えんぎょう》・僧定《じょう》真連署充行状《しんれんしょあてがいじょう》」寿永元〈一一八二〉年六月十五日）

▼『読史余論』　新井白石（一六五七〜一七二五）が著わした歴史書。摂関《せっかん》政治の成立から江戸幕府の成立までを描き、徳川《とくがわ》政権成立の正当性を説く。

▼『日本外史』　頼山陽（一七八〇〜一八三二）が叙述した歴史書。源平《げんぺい》二氏から徳川氏まで、氏族《しぞく》・家ごとに人物中心の武家勃興史を描く。

日《ひ》」と記すが、本当のところはよくわからない。

　それに対して男子の場合は、童名をもち、さらに成人名を名乗るのが一般的であった。社会的関係のなかで未成年と成年を区別する必要があったかどうか、固有名詞をもって個人を特定する必要があるほどの社会的関係をもっていたか否かが、成人名の有無の違いにあらわれているのだろう。

　後世、「政子」の名はしだいに人びとに認知されていくが、政子に北条を冠して「北条政子」の名が使われるようになったのは、ここ数十年のことらしい。江戸時代に記された書物、たとえば新井白石《あらいはくせき》の『読史余論《とくしよろん》』▲は政子を「二位殿」と呼んでおり、北条氏の歴史に一巻を費やす頼山陽《らいさんよう》の『日本外史《にほんがいし》』▲は「政子」の名のみで記述していて、いずれも「北条政子」とは記していない。

　戦前の代表的な人名辞典である『大日本人名辞書』（一八八五年、経済雑誌社、のち内外書籍・講談社）は「政子」で立項し、鎌倉時代についての概説書の先駆けである三浦周行《みうらひろゆき》『鎌倉時代史』（一九〇七〈明治四十〉年、早稲田大学出版部）も「二位の尼」「政子」の称を用いていて、彼女に「北条」の名字を冠していない。明治から大正期に書かれた龍粛《りょうすすむ》・山路愛山《やまじあいざん》などの論文にも「北条政子」の称はなく、

「平《たいらの》政子」あるいは「政子」とするのみである。ところが、昭和期にはいり、一九三八(昭和十三)年刊行の『新撰人名大辞典』(平凡社)になると、「平政子」で立項しているものの、「北条政子」の項目も「見よ項目」として立てられている。しだいに「北条政子」の名前が一般化し、一大伝記叢書である吉川弘文館の人物叢書には、渡辺保『北条政子』(一九六〇〈昭和三十五〉年)の書名で政子の伝記がおさめられた。

なぜ、彼女が「北条政子」と呼ばれるようになったのか、今のところ明確にはしえない。ただ、『日本外史』が北条時政の妻牧《まき》の方《かた》を「牧氏」と称していたり、『寛政《かんせい》重《ちょう》修《しゅう》諸《しょ》家譜《かふ》』▲にも「母甘露寺氏《かんろじし》」などの記載があることを考えると、どうやら、江戸時代以来、実名不詳の女性に対して、牧氏の出身、甘露寺家の出身という意味で用いられていた「○○氏」の称が、昭和期にはいってから、実名が明らかな政子にも準用されたのではなかろうか。

このように、私たちの思い込みや、近代あるいは近世の家族観の反映で、中世の家に対する理解がゆがめられていることも少なくない。そこで、北条政子とその周辺の武士たち、あるいは比較的史料にめぐまれた貴族の事例を手掛り

▼『寛政重修諸家譜』　江戸幕府が徳川氏以外の諸家の家譜を編纂した系図集。一七九一(寛政三)年に編纂が始まり一八一二(文化《ぶんか》九)年に完成した。

にして、中世に書かれた文献史料や絵巻物、それらをふまえた最近の実証的な研究の成果に基づきながら、中世の家と性(ジェンダー▲、セックス)の問題をみていこうというのが本書の狙いである。

▼ジェンダー　社会的・文化的・歴史的に形成された性差。

①——氏と家

氏から家へ

古代社会から中世社会への転換を一言でいうなら「氏《うじ》から家《いえ》へ」ということになるだろう。これは「氏」を単位とする社会から、「家」を単位とする社会への移り変わりを意味する。

鎌倉時代の僧慈円《じえん》は『愚管抄《ぐかんしょう》』▲のなかで、王朝《おうちょう》が交代する中国と比較して、日本は王朝の交代がなく、天皇を中心とする王胤《おういん》＝皇族と「臣下《しんか》の家」の別が初めから定まっており、それが今日までずっと続いていると述べ、その「臣下の家」については、摂政《せっしょう》・関白《かんぱく》を頂点に、その庶子《しょし》たちの末孫の家、源氏《げんじ》の家々、諸《しょ》大夫《だいふ》たちの家があり、「その家々の大方の器量」＝家格《かかく》が決定されていると記している。慈円の時代の日本社会は「王胤」と「臣下の家」によって構成され、それぞれの家が家格に応じて定められた「経べき家の前途」をとげることで社会が保たれているととらえられていたのである。

摂政・関白に就く家柄である摂関家《せっかんけ》▲、大臣・大将にいたる家柄である清華《せいが》

▼『愚管抄』　摂関家に生まれ、天台《てんざい》座主《ざす》となった僧慈円(一一五五〜一二二五)が著わした歴史書。神代《じんだい》から鎌倉時代初期までの政治史を「道理」で読み解く。

▼摂関家　十二世紀初めの鳥羽《とば》天皇即位のとき、天皇との外戚《がいせき》関係がなくとも、代々の摂政・関白の家系であるという理由で藤原忠実《ただざね》が摂政となり、摂政・関白に就任する「家」としての摂関家が成立した。

家《け》▲、摂関家に仕える中流貴族の諸大夫家▲（羽林《うりん》家・名《めい》家）、さらにその下に「侍《さぶらい》」と呼ばれる五位・六位の諸司官人《しょしかんじん》たちの家があるという基本的な家格の枠組みは、近世になっても変わらなかった。

　こうした社会の単位としての「家」の成立について、従来の研究は、古代の「氏」の解体・分化のなかから中世的な「家」が成立してくると考えてきた。しかし、これには大きな疑問がある。それは「氏」と「家」が規模の大小や時代的な変質ととらえるだけではすまないほど、根本的な部分で異質な存在だからである。

　氏は、族長が血縁・非血縁を含む構成員を率いて、朝廷《ちょうてい》に奉仕する政治的な組織であり、天皇からあたえられるカバネ▲によって秩序化されていた。七世紀後半から八世紀ごろにかけて、族長を「氏上《うじのかみ》」、構成員を「氏人《うじびと》」とする制度が整えられ、律令《りつりょう》などの影響を受けて、父系的な血縁集団、出自集団としての性格を強めていった。平安時代になると、氏上は「氏長者《うじのちょうじゃ》」と称されるようになり、氏寺《うじでら》・氏神《うじがみ》の祭祀、共有財産の管理、氏爵《うじのしゃく》（氏人の叙爵）の推挙などを職掌とした。その地位は、構成員中の最高官位者によって引き継がれるのを原則としている。

▼**清華家**　摂関家につぐ家柄。近衛《このえ》大将をへて、太政《だいじょう》大臣に昇進できる家。藤原氏の閑院《かんいん》・花山《かざん》院《いん》流の六つの家と、村上《むらかみ》源氏の中《なかの》院《いん》流の久我《こが》家がこれにあたる。

▼**諸大夫家**　大納言《だいなごん》・中納言《ちゅうなごん》を極官とする中流貴族の家。近衛府の次官から公卿《くぎょう》にのぼる羽林家と、太政官の弁官から公卿にのぼる名家とがある。

▼**カバネ**　氏の政治的・社会的位置付けを示すために天皇があたえた称号。臣《おみ》・連《むらじ》などがあったが、七世紀後半に整理・統合され、真《ま》人《ひと》・朝臣《あそん》・宿禰《すくね》がおもに用いられた。

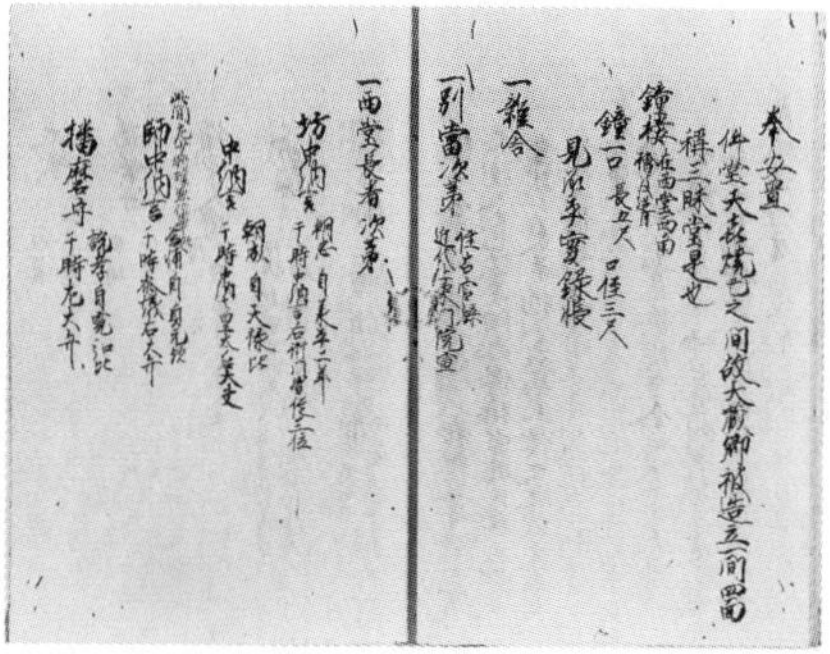

●—『勧修寺古事』　勧修寺長者（西堂《せいどう》長者）が就任順に記載されている。

それに対して、中世的な「家」は、一組の夫婦を中心として生活・経営を行う単婚小家族的な個々のイエが主として父系的に結合した集合体で、継承者と位置づけられた「嫡子《ちゃくし》」によって継承される存在であった。頼朝《よりとも》と政子《まさこ》がつくりあげた「家」は、長子頼家《よりいえ》がその継承者とされた。『愚管抄』は頼家を「家つぎたる嫡子」と称している。「嫡子」の語は、古代の戸籍上では一律に嫡妻（正妻）から生まれた長男子をさす語であったが、平安時代中期ごろには長男子かどうかにかかわらず嫡妻が産んだ男子をさす語、嫡妻子かどうかにかかわらず長男子をさす語としても用いられるようになっていた。さらに平安時代末期になると、出生順による「生得《せいとく》の嫡子」のほかに、母の嫡庶や出生順によらず、家長が家の後継者として指名した「取り立て嫡子」が登場し、「嫡子」に家の継承者としての性格があたえられるようになった。嫡子から嫡子へと継承されることが望まれる中世的な「家」は、その継承原理において決定的に古代の「氏」と異なっていたのである。

中世における氏と一門

広範囲に広がりすぎ、しだいに実質的な機能を低下させた「氏」は、いくつかの実態的に機能する同質の親族集団に分かれ、それは「一門《いちもん》」と称されていた。藤原《ふじわら》氏のなかに、法性寺《ほっしょうじ》▲を中心に藤原忠平《ただひら》の子孫が一門として結合していたり、勧修寺《かじゅうじ》▲を中心に藤原定方《さだかた》の子孫が定方の遠忌《おんき》仏事である勧修寺八講《はっこう》▲を通じてまとまっていたように、主として一門の祖にあたる祖先が建立した寺院を中心に、仏事を通じてその子孫が結合するものであった。その族長の地位はやはり「長者」と呼ばれており、その継承も「氏」と同じく、構成員中の最高官位者が就任するのを原則としていた。

従来の説では、そのなかで、ある特定の父子のラインが他の構成員を官位・官職のうえで圧倒し、長者の地位が父から嫡子へと継承されるようになって中世的な「家」が成立すると考えられていた。しかし実際は、長者の地位が父子で継承されていることはまれであった。勧修寺流の一門の長者の地位は、一門が没落するなか、藤原為房《ためふさ》▲の子孫のみが繁栄したことで、為房の子孫が代々就任するようになるが、それでも父子間での継承はほとんどみられず、いくつかの

▼**法性寺**　藤原忠平(八八〇～九四九)が創建した寺院。現在の東福寺《とうふくじ》の一帯にあった。

▼**勧修寺**　醍醐天皇が母藤原胤《いん》子《し》のために建てた寺。そのなかに胤子の兄定方が西堂を建立した。現在の京都市山科《やましな》区にある。「かんしゅうじ」「かんじゅじ」とも読む。

▼**勧修寺八講**　定方の命日である八月三日までの四日間、勧修寺西堂で行われた仏事。僧侶が『法《ほ》華経《けきょう》』八巻を一日二巻ずつ講じた。

▼**藤原為房**　一〇四八～一一一五。隆方《たかかた》の男。後三条《ごさんじょう》天皇～鳥羽天皇の蔵人《くろうど》・蔵人頭《とう》として活躍し、この家系では一二〇年ぶりに公卿に昇進した。

●勧修寺流藤原氏略系図（数字は長者就任順。24代まで）

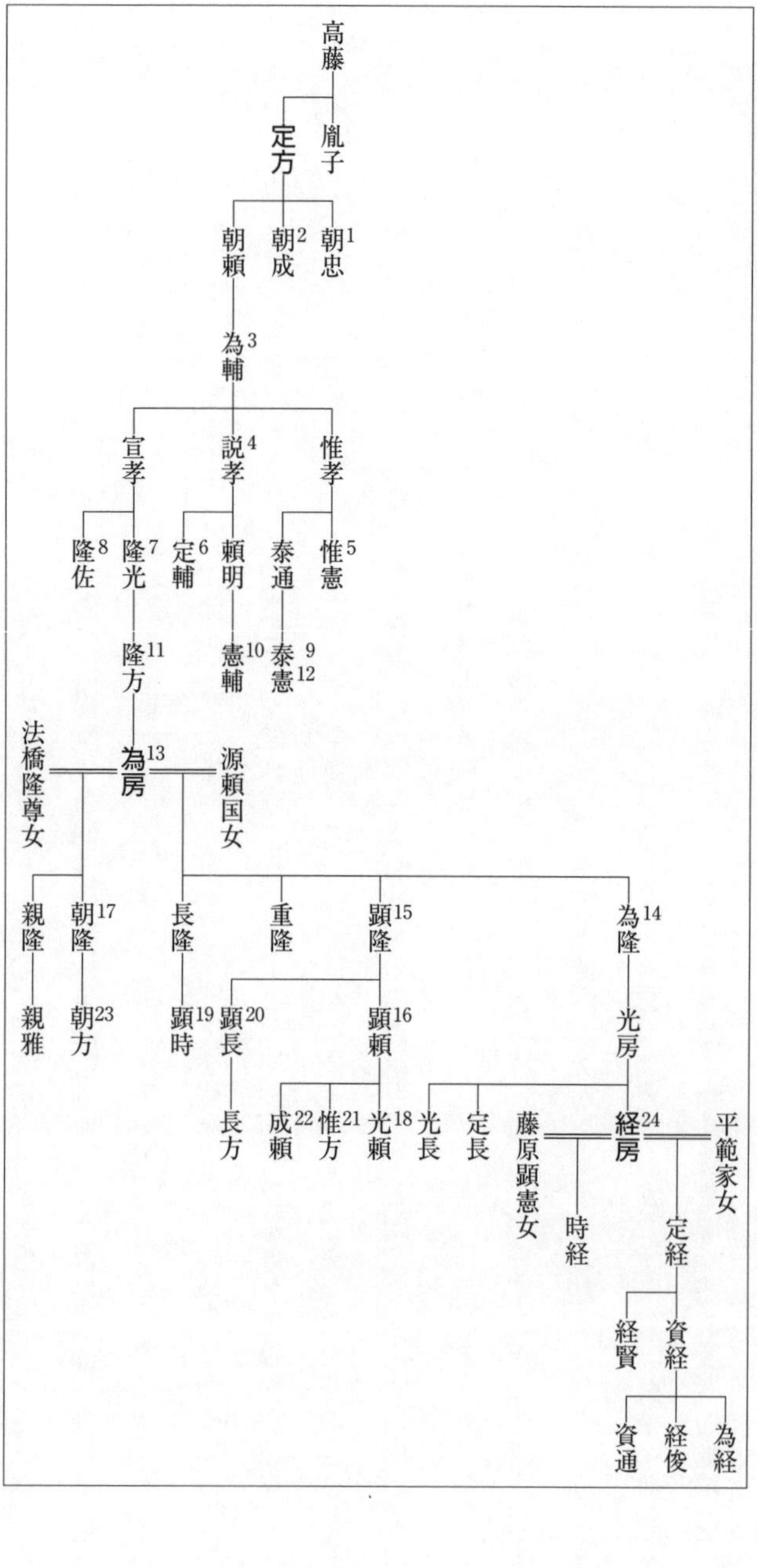

系統に分かれた為房の子孫中の最高官位者が順に就任している。為房の子孫のなかから藤原経房《つねふさ》▲を祖とする一門が生まれたように、中世になっても一門は同じ継承原理をもったまま細分化を繰り返していた。その細分化された集団を一時的に「家」と呼ぶことはあったが、その長はやはり「長者」と呼ばれていて、嫡子によって継承される中世的な「家」とは別のものであり、その「家」は世代の降下によってふたたび一門と称された。中世においては、古代の「氏」と同質の継承方法をもった「家」と、中世に成立したあらたな継承方法をもつ「家」とが併存していたのである。

　こうした家社会のなかにあって、中世の人びとが氏の存在を意識しなくなったわけではない。人びとは儀礼や人生の節目で氏への帰属を意識した。貴族の日記には、氏社《うじしゃ》に参詣したり、奉幣《ほうべい》する記事がしばしば登場し、祭礼の奉行《ぶぎょう》が氏人であるか否かが問題になっている記事は多い。みずからの昇進や家族の慶事を氏神のめぐみと感謝していることも少なくない。そのなかでも、人びとの氏への帰属性をもっともよく示しているのが出家の作法《さほう》である。『兵範記《へいはんき》』▲久寿《きゅうじゅ》二(一一五五)年七月二十二日条には、記主平信範《たいらののぶのり》の姉で藤原

▼**藤原経房**　一一四三〜一二〇〇。光房《みつふさ》の男。蔵人・左衛門権《さえもんのごんの》佐《すけ》・左少弁《さしょうべん》を兼帯するなど、有能な実務官僚として重用され、大納言までのぼった。源頼朝からの信任も厚く、鎌倉幕府との交渉にもあたった。のちに吉田大納言と称された。

▼**『兵範記』**　実務官僚や摂関家家司《けいし》として活躍した兵部卿《ひょうぶきょう》平信範の日記。一一三二〜八四(天承《てんしょう》元〜元暦《げんりゃく》元)年の記事が残る。自筆本が京都大学附属図書館と陽明文庫に分蔵される。

●——平野社（『洛中洛外図屏風《らくちゅうらくがいずびょうぶ》』歴博甲本）

▼平野社　京都市北区にある桓《かん》武《む》天皇の外戚の祖先神などをまつる神社。平安時代中期には平・源・高階《たかしな》・大江《おおえ》など八氏の氏神とされた。

▼戒師　出家のときに戒律《かいりつ》を授ける役目の僧侶。一人前の僧尼となるために、仏教徒が遵守すべき生活規範として数百条におよぶ具《ぐ》足戒《そくかい》が授けられた。

成隆《なりたか》の妻となっていた女性の出家作法が記されている。病が重くなった彼女は、朝早く沐浴《もくよく》と洗髪を行い、平氏《へいし》の氏社である平野社《ひらのしゃ》▲に奉幣の使いを立てた。その後、室礼《しつらい》のととのえられた懺法堂《せんぼうどう》に戒師《かいし》▲の僧侶とともにはいり、戒師の表《ひょう》白《びゃく》・演説・出家功徳《くどく》を聞き、王（天皇）がいる内裏《だいり》と氏神である平野社の方角を向いて拝礼した。それから俗服を法衣《ほうえ》に改め、髪を剃ったのである。天皇と氏神への拝礼は「拝辞」と表現されており、世俗の世界で恩や庇護を受けていた両者に別れを告げるための作法であった。これは、出家するまでは王や氏神の加護のもとに帰属していたことを示すのだろう。平氏出身の女性の氏神は平氏の氏神であり、藤原氏の男性の妻となっても氏のメンバーシップが変更されることはなかった。

氏の名と家の名

浄楽寺《じょうらくじ》（神奈川県横須賀《よこすか》市芦名《あしな》）の運慶《うんけい》作毘沙門天《びしゃもんてん》像・不動明王《ふどうみょうおう》像には、和田《わだ》義盛《よしもり》とその妻が施主であったことを示す胎内墨書銘札《たいないぼくしょめいさつ》が残されている。そこには「大願主平義盛《よしもり》」「芳縁小野《おの》氏」と記されている。義盛は「平」の「氏の名」を名乗

●―和田義盛像（三浦市来福寺《らいふくじ》、非公開）

●―毘沙門天像胎内墨書銘札（横須賀市浄楽寺）

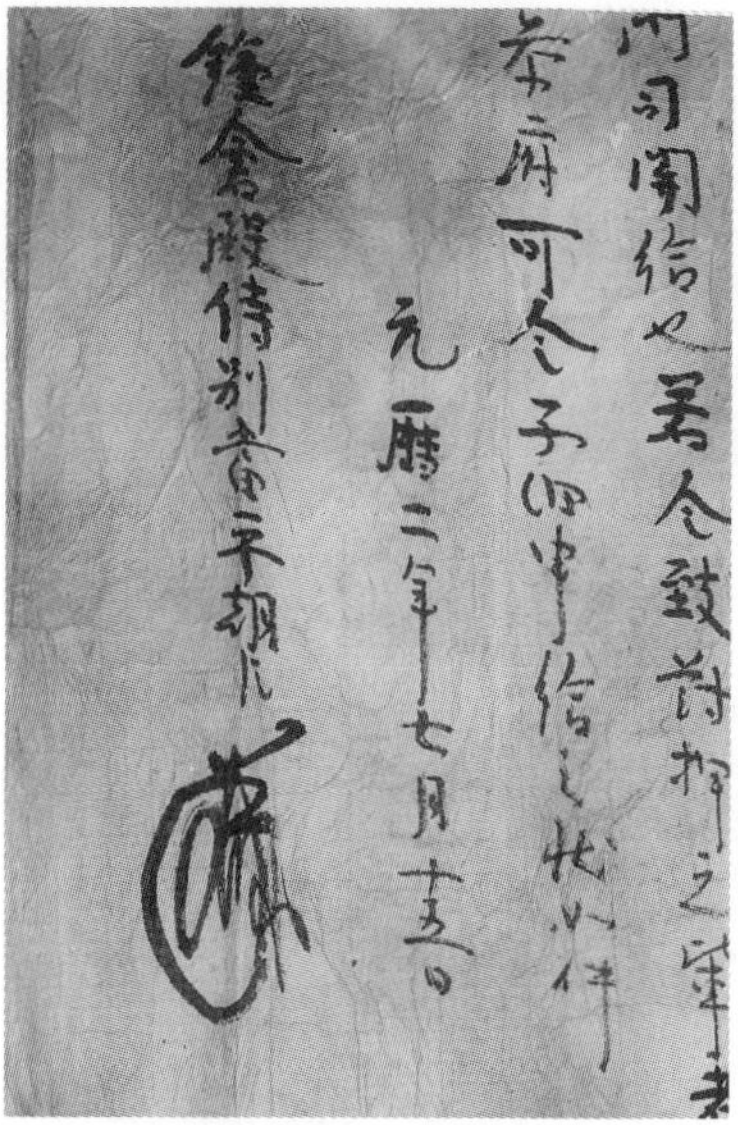

●―「鎌倉殿侍別当下文」（『佐々木文書』元暦《げんりゃく》2〈1185〉年7月15日）　室町時代後期の写と考えられてきたが，原本調査の結果，正文《しょうもん》と判断される。

り、横山時重《よこやまときしげ》の娘である妻は「小野氏」を名乗っている。「嘉字＋子」型の名をもたない一般の女性は、署名が必要なときには、出身の「氏の名」を用いて「○○氏」と記した。鎌倉幕府の歴史書『吾妻鏡《あずまかがみ》▲』のなかで通常は「和田太郎義盛」と称されている義盛が、一一九〇（建久《けんきゅう》元）年十二月、朝廷の官職をえたときには「左衛門尉《さえもんのじょう》平義盛」と記されている。また彼が頼朝の侍別当《さむらいべっとう》▲として発給した下文《くだしぶみ》形式▲の文書には「鎌倉殿侍別当平朝臣《あそん》」と、「氏の名」とカバネを用いた署名をしている。官位・官職の授与など、天皇を頂点とする社会システムのなかに位置づけられるときや、鎌倉幕府の体制のなかでも安堵《あんど》など御家人《ごけにん》▲身分そのものにかかわるような文書のなかなど、その人の身分や存在そのものにかかわるような場では、源平藤橘《げんぺいとうきつ》に代表される「氏の名」が使われた。

政子の子息頼家・実朝《さねとも》がなくなり、鎌倉将軍の家は、頼朝の姉妹の血を引く摂関家出身の三寅《みとら》（のちの藤原頼経《よりつね》）を後継者としていただいた。彼の元服《げんぷく》と叙《じょ》位《い》・任官《にんかん》の準備が進められるなかで、生来の藤原の「氏の名」を、鎌倉将軍家の頼朝や実朝の「氏の名」である源《みなもと》に改姓するかどうかという問題が生じている。幕府の使佐々木信綱《ささきのぶつな》が改姓の可否についての神意を問おうと藤原氏の氏社であ

▼**『吾妻鏡』**　一一八〇（治承《ちしょう》四）年から一二六六（文永《ぶんえい》三）年までの鎌倉幕府の歴史を記す編纂物。十三世紀末ごろに幕府の実務官僚によってつくられたと考えられている。

▼**侍別当**　源頼朝の家人《けにん》である武士たちを統括する役職。侍所別当の前身。一一九一（建久二）年に頼朝の家政機関として侍所《さむらいどころ》が開設されるまでは、侍別当と呼ばれた。

▼**下文形式**　命令の主体が直接署名する公文書の形で、文頭や文末に「下す」の文言がある。

▼**御家人**　将軍と主従関係を結んだ直属の家来《けらい》。所領をもつ階層の身分の呼称としても使われた。三四ページ参照。

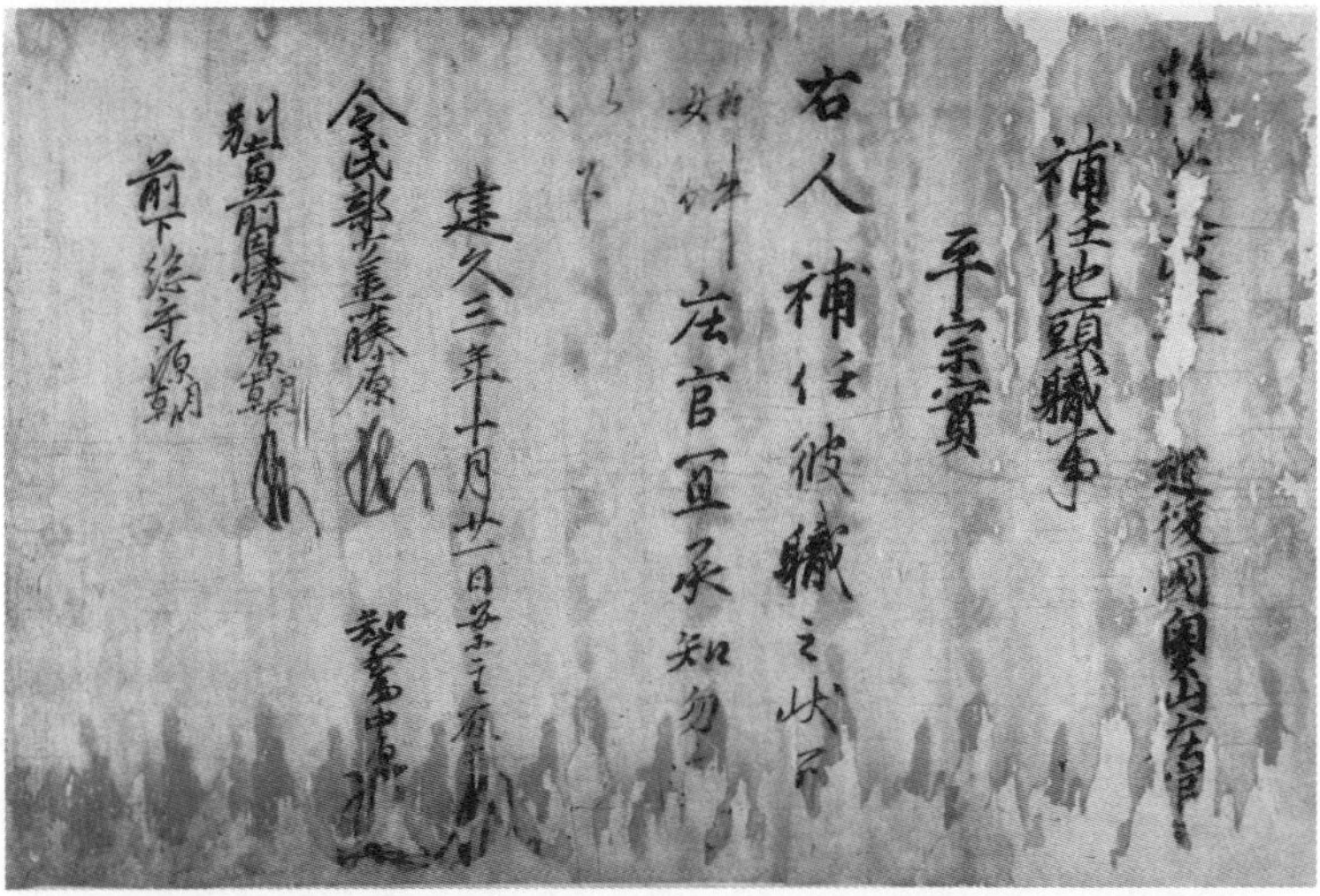

●──「**将軍家政所下文**」(『中条家文書』建久 3〈1192〉年10月21日)　和田義盛の弟宗実《むねざね》を越後国奥山荘地頭《じとう》職に安堵した文書。「氏の名」である「平」が用いられ，政所職員の署名にも「氏の名」が使われている。

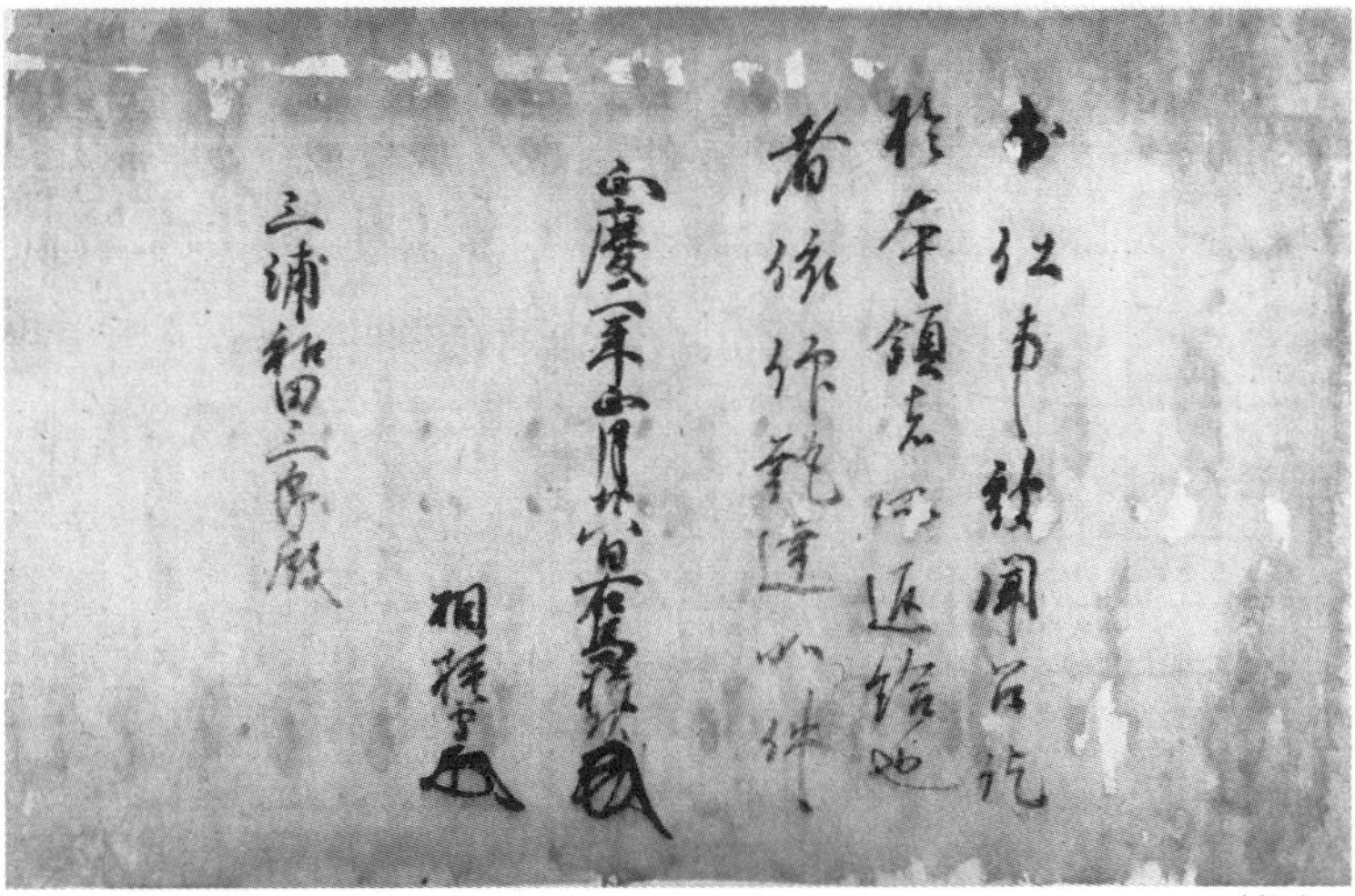

●──「**関東御教書**」(『中条家文書』正慶 2〈1333〉年 1 月26日)　宗実の子孫茂継《もちつぐ》にあててだされた文書。後醍醐天皇の挙兵に際し，和田の「家の名」のみならず，雄族三浦氏の子孫であることを意識させる家名での呼びかけが行われている。

る春日社《かすがしゃ》▲にいったという話を聞いた藤原定家《さだいえ》▲は、「藤原氏が源氏になるという話は、今まで聞いたこともない。改姓は悪人が勧めたのだろう。これまで氏社(春日社)・氏寺(興福寺《こうふくじ》)が三寅のために祈りをささげてきたのに、こんなことでは神仏の御心に背いてしまう」となげき、藤原氏を改めるべきではないという神慮《しんりょ》がくだったことを知ると、当然のことと胸をなでおろしている(『明月《めいげつ》記《き》』嘉禄《かろく》二〈一二二六〉年正月二十六・二十七日条)。

本来、氏への帰属は氏の始祖や氏神との関係を示す生まれながらのものであり、養子関係によって変更されるものではなかったが、十二世紀ごろになると養子にともなう改姓が問題とされるようになっていた。親子関係での継承を基本とする「家」成立の影響を受けて、系譜関係のとらえ方が、遠い祖先との関係から身近な親子関係の連鎖へと変化したために、氏の帰属の変更が行われるようになったのである。三寅の改姓問題も、将軍の「家」を実質的に引き継ぐこととの関係のなかで浮上したのであった。しかし、三寅の場合は源氏将軍の家《か》長《ちょう》と養子関係を結ぶこともなかったので、改姓は行われなかった。

一方、実名で人を呼ぶことを忌避《きひ》することが一般的なこの時代においては、

●—源氏・北条氏略系図

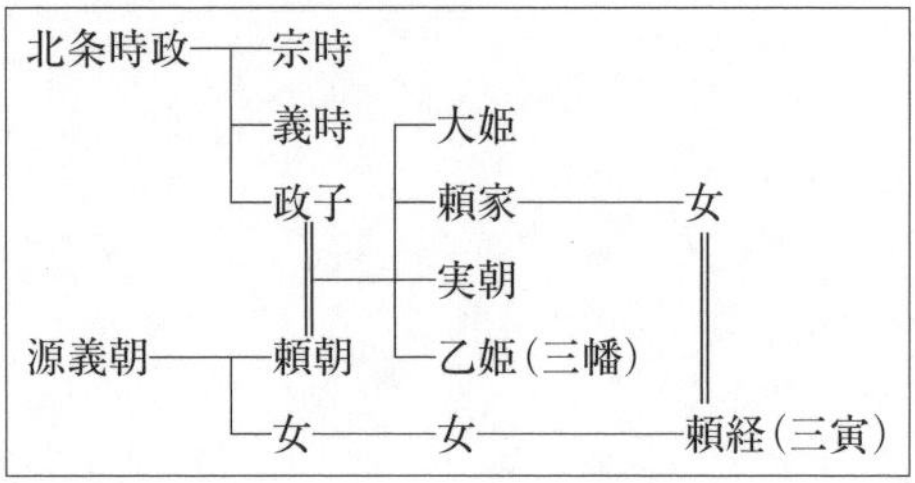

▼**春日社**　奈良市にある、鹿島《かしま》神・香取《かとり》神など四神をまつる藤原氏の氏社。八世紀後半に創建されたといわれる。

▼**藤原定家**　一一六二〜一二四一。俊成《としなり》の男。藤原兼実《かねざね》・同良経《よしつね》などに仕え、官職は中納言にいたった。歌人として著名で、『新古今《しんこきん》

北条《ほうじょう》・三浦《みうら》のような名字（苗字）は、太郎・次郎などの原則として出生順を示す通称とセットになって、日常的な場で使われる称であった。鎌倉幕府発給文書のなかでも、書状の流れを引く奉書《ほうしょ》形式▲の文書で、時限的な事務連絡などに使われる御教書《みぎょうしょ》▲の宛名には、名字が用いられている（一五ページ下参照）。

『真名本曾我物語《まなぼんそがものがたり》』（平凡社東洋文庫）には、河津《かわづ》を譲られて「河津次郎」を名乗っていた助親《すけちか》が、伊藤（伊東）荘《しょう》に移ると「伊藤次郎」を名乗り、河津館を譲った子息助通《すけみち》に「河津三郎」を名乗らせたことが記されている。そこには「家」を継承する父子で同じ名字を名乗ろうとする態度はみられず、名字は、住居のある所領の地名を名乗ることで、その領主《りょうしゅ》であることを示すものであった。十三世紀後半から十四世紀ごろになると、名字の地である根本《こんぽん》所領の父子相続が繰り返されたことで名字が「家の名」となる一方、奥州合戦《おうしゅうかっせん》や承久の乱《じょうきゅうのらん》の新恩地《しんおんち》への移住が、かえって本貫《ほんがん》▲の故地名を「家の名」としてきざませることになるなど、名字の名乗りに「家」のアイデンティティをみいだすようにもなっていった。

官職名で呼びあうことを原則とした貴族《きぞく》社会で、同じ官職の人を区別するために用いられていた居所やゆかりの寺院にちなむ「万里小路中納言《までのこうじちゅうなごん》」「西園寺《さいおんじ》大

和歌集《わかしゅう》』の撰者の一人。五六年分におよぶ日記『明月記《めいげつき》』を残す。

▼**奉書形式**　命令の主体が直接署名せず、側近らが「仰せ」をうけたまわってだす公文書の形。

▼**御教書**　三位《さんみ》以上の公卿の命令を伝える奉書形式の文書。鎌倉幕府では執権《しっけん》が将軍の意を伝える形で関東御教書を発給し、六波羅《ろくはら》探題《たんだい》や鎮西《ちんぜい》探題もそれにならった御教書をだした。

▼**本貫と新恩地**　中世武士の出身地を本貫と呼び、恩賞《おんしょう》としてあらたに給与された土地を新恩地と呼ぶ。たとえば、肥後《ひご》国人吉荘《ひとよしのしょう》の相良《さがら》氏は、駿河《するが》国相良郷を本貫とし、やがて新恩地の肥後国に移った。

納言《なごん》」などの称号が父子で引き継がれ、万里小路家や西園寺家という「家の名」として定着するのも、やはり十四世紀のことであった。

氏の名は生まれながらのものであったが、名字は現住所を示すようなものであったから、婚姻や移住によって変わるものであった。既婚女性もその居住地の地名で、「稲毛《いなげ》の女房《にょうぼう》」などと呼ばれることが多い。名字が「家の名」となった中世後期でも、婚出して「家」の構成員でなくなれば、そのまま名字を名乗り続けるということはない。したがって、北条時政《ときまさ》の娘は北条に居住していたころには「北条の姫」と称されることはあっても、鎌倉に居住し、鎌倉将軍の家を夫頼朝とともにつくりあげてからのち、北条の名字を名乗ったり、北条を冠して呼ばれることはなかったのである。源頼朝と北条政子が夫婦別姓の例としてあげられることもあるが、それはやや不正確であり、中世は夫婦別氏で、夫婦同名字というのが正確なところであろう。

②——結婚と居住

政子の結婚

『真名本曾我物語《まなぼんそがものがたり》』が語る北条時政《ほうじょうときまさ》の娘(政子《まさこ》)の結婚に関する記述は、この時代の結婚のあり方をよく示している。

大番役《おおばんやく》▲をつとめるために京都にいた時政は、平家《へいけ》の一門《いちもん》である伊豆国《いずのくに》の目《もく》代《だい》▲和泉判官平兼隆《いずみのほうがんたいらのかねたか》と娘を結婚させるとの約束をした。『真名本曾我物語』はこれを「聟《むこ》に取てけり」と表現している。そして時政と兼隆はつれだって伊豆にくだった。

ところが、その伊豆国では時政の予期せぬことが起こっていた。伊東助親《すけちか》▲の邸宅内の御所《ごしょ》をぬけだしたあと、時政に庇護されて、子息義時《よしとき》の宿所を御所として提供されていた流人源頼朝《みなもとのよりとも》が、時政と嫡子宗時《むねとき》の上洛《じょうらく》中を狙うかのように、別の建物に居住していた時政の娘のもとにかよい、恋愛関係を築いていたのである。しかも、娘が一人誕生していた。時政の娘と頼朝との結婚は当事者同士の合意によって成立した結婚であった(一一六ページ系図参照)。

▼**大番役**　内裏《だいり》や院御所《いんのごしょ》の諸門を警固する役。平氏《へいし》の時代に各国を通じて武士たちに課せられ、のちに鎌倉幕府の御家人役として整備された。

▼**目代**　在京したままの国の守《かみ》が任地に派遣した代官《だいかん》。平兼隆は、父との不和で伊豆国にくだっていたが、平氏が国守《こくしゅ》になると代官に取り立てられた。

▼**伊東助親**　?～一一八二。助《すけ》家《いえ》の男。祐親とも記す。伊豆国東部の有力領主。平氏の家人《けにん》として国内に大きな力をもった。

●北条時政像（静岡県伊豆の国市願成就院《がんじょうじゅいん》）

伊豆への帰路、妻（政子の継母）からの手紙でそのことを知った時政は、「妃《ひめ》は一人あり、聟は二人なり。目代は我と取りたる聟なり。佐殿《すけ》は我が取りたる聟にてはなけれども、妃がために志深き聟なり。いかがせむ」（娘一人に対して、聟が二人いる。兼隆は自分が聟とりした聟である。頼朝は自分がとった聟ではないが、娘にとっては申し分のない聟である。さてどうしたものか）と悩みながらも、直接北条へ戻らず、兼隆と伊豆の国府《こくふ》にはいって、そこへ娘を呼んで兼隆と夫婦にさせようと考えた。頼朝と引き離された娘は継母につれられていったんは国府にある兼隆の館《やかた》にはいったものの、そこから脱出し、伊豆山の僧坊に逃れ、そこで頼朝と再会する。時政も二人の駆落ちを容認せざるをえなかった。

この話から、結婚には女性の親が決める結婚と本人同士の恋愛から始まる結婚の二つの形があり、女性の男親が主体となって婚姻関係を結ぶ前者はもちろんのこと、後者の場合も女性の男親の同意があってはじめて社会的な認知を受けるものであったことがわかる。時政の庇護を受ける前、伊東助親の提供した「伊東御所」に住んでいた頼朝は助親の在京中に娘と契り、子どもも生まれていた。これを知った助親が「こはいかに。親の知らぬ聟やあるべき」（これはなんとしたことか。親の知らない聟などいるものか）と怒っているのは、女性の男親に認知されてはじめて聟と位置づけられたことを示している。結婚がその居住形態によらず「聟取り」と表現されるのは、婚姻関係設定の主体が女性の親にあったからであった。女性に父親がいない場合には、祖父などの養育者がそれにかかわった。

結婚の始まりと居住形態

頼朝と北条時政の娘（政子）の結婚開始期の居住形態を、高群逸枝氏は「妻家での妻問婚」としているが、二人のあいだに安定した関係が築かれてからは、頼朝が女のもとを訪れるのではなく、時政の娘が継母らの住む館をでて、頼朝の住む東の小御所に移り住んでいる。東の小御所自体は北条の館の一部を提供されたものであるが、夫方居住の形をとっていたと考えるべきであろう。

同じ『真名本曾我物語』が記す河津助通《かわづすけみち》の後家《ごけ》（曾我兄弟の母）が曾我助信《すけのぶ》と再婚するときの例から、結婚の手続きと居住の問題をみてみよう。彼女にはすでに実父母はなく、助通の父である伊東助親が親がわりとなっていた。

夫の死後、出家しようとした彼女に対して、助親は曾我助信との再婚を勧めた。居所については「その宿所に入れ奉らむ」とあるから、助信の邸宅での居住を前提として結婚を勧めている。一方で、曾我に居住する助信に対しても手紙を送って、彼女を迎えとることを勧め、その気があれば、伊東にいる助親のところへくるように伝えた。その話を承諾した助信は、使者と一緒に伊東へと赴いた。また、助親は河津にいる女房《にょうぼう》に対しても、「曾我から迎えの人がきたので、河津から伊東にくるように」と伝えたが、彼女がふたたび出家をはかろうとしていると知ると、自身が河津の館にいって、出家を思いとどまらせた。説得に応じた女房は、河津をでて、曾我の里へと移っていった(三三ページ系図参照)。

この事例では、河津の女房が亡息の未亡人であるために、婚姻の主体である父(義父)と婚姻の当事者が別居となっているが、通常のように父と娘が同居しているものとして考えなおしてみよう。父(舅)と男性(聟)とのあいだで婚姻の約束が整うと、男性は女性を迎えにくる。そして男性や供の者と一緒に男性の屋敷に移り、そこで結婚生活が開始されるのである。その後も夫方に居住したことは、曾我兄弟の二人の伯母の居住形態に示されている。「三浦《みうら》の伯母」は夫

●──**北条氏の居館跡**　円成寺遺跡《えんじょうじいせき》は堀をともなった掘立柱建物群と倉庫などの付属建物群がセットになっており，12世紀の舶載陶磁器などの遺物も出土している。丘を隔てた東側には願成就院が所在する。

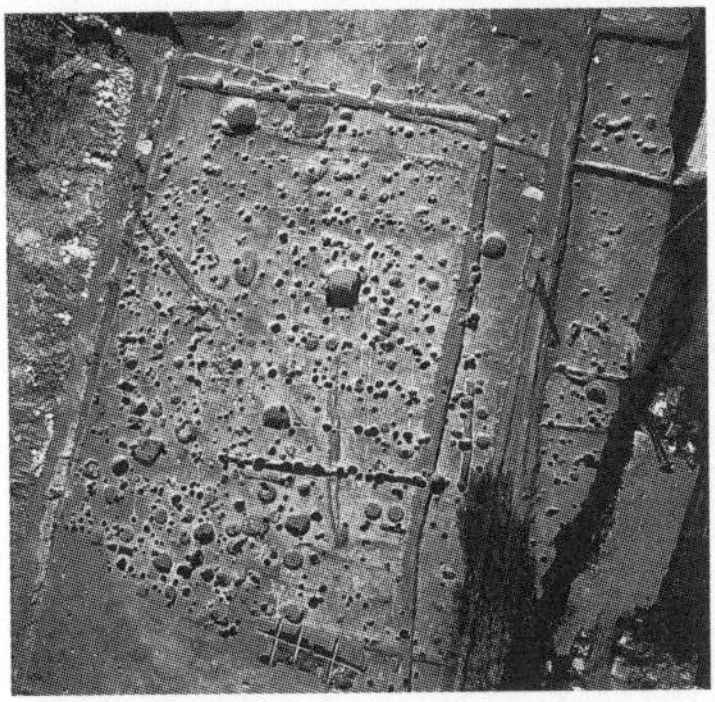

居館跡

出土した中国製陶磁器

御所之内・円成寺遺跡全図（『伊豆韮山円成寺遺跡』より一部改変）

三浦義澄《よしずみ》の本拠地である三浦半島所在の館に居住していたし、「早河《はやかわ》の伯母」は夫早河遠平《とおひら》の本拠地、早河に居住していた。結婚開始期からずっと夫方居住婚の形態をとるのが一般的であったといえるだろう。

夫方で居住するものの、夫の親と同じ建物に同居するわけではない。当初、河津に住んでいた助親は兄伊東助継《すけつぐ》が死去すると、河津の館をでて伊東にはいり、河津の館には子息の助通を住まわせていた。助通は妻子とともに河津で暮らしており、伊東荘にいた父とは別居であった。北条の館（現、静岡県伊豆《いず》の国《くに》市）においても、時政夫婦の居住する建物と、子息義時の宿所は別の建物であり、義時は結婚するころから北条をでて、江間《えま》（現、静岡県伊豆の国市）に住居を移したとみられる。都市鎌倉における御家人《ごけにん》たちの場合も、父子で別の邸宅を構えていた。

貴族たちの結婚

貴族《きぞく》の婚姻形態を考える例として、まずは藤原《ふじわらの》（近衛《このえ》）兼経《かねつね》▲と藤原（九条《くじょう》）道家《みちいえ》▲の娘仁子《にんし》の結婚を伝える、嘉禎《かてい》三（一二三七）年正月十四日の道家家司《けいし》藤原定《さだ》

●藤原兼経（『天子摂関御影《てんしせっかんみえい》』）

▼藤原兼経　一二一〇〜五九。家実の男。兄家通《いえみち》が早世したあと、家実の後継者として、大臣となり、摂政・関白を歴任した。のちに岡屋《おかのや》関白と称された。三七ページ系図参照。

嗣《つぐ》の日記(『葉黄記《ようこうき》』▲)をみてみよう。漢文体の史料を読みくだし、注記部分は〈 〉にいれて表記した(以下同じ)。

今夜、左丞相《さしょうじょう》〈春秋二十八〉、摂政《せっしょう》殿の御息女〈御年二十七。故藻璧門院《そうへきもんいん》の御同胞。第二の御娘なり〉に通ぜしめ給うべきなり。代々婚嫁の例、多くは執聟《むことり》の礼たり。あるいは親迎《しんげい》の儀たり。平治《へいじ》・建仁《けんにん》等皆御迎えの車を進めらる。彼《か》の例等宜《よろ》しからず。よって詮議《せんぎ》あり。これより御渡りあるべきなり。この間の事、蔵人《くろうど》左衛門権佐《さえもんのごんのすけ》高嗣《たかつぐ》〈殿の年預《ねんよ》家司なり〉、かねて仰せをうけたまわり、申し沙汰《さた》する所なり。毎事最密儀なり。よってまた新儀等あり。ただ時宜に任せてその沙汰あり。かねて子細を参議《さんぎ》親俊《ちかとし》卿《きょう》〈左府《さふ》の御方の執権《しっけん》の人なり〉に相尋ね、両方存知する所なり。……御亭近衛以北室町《むろまち》以東なり。日ごろ前関白殿《さきのかんぱくどの》御同宿なり。この事により旧年より武者小路《むしゃのこうじ》猪熊《いのくま》亭に移り渡り給う。……東方〈中門《ちゅうもん》に当たるなり〉に子午《しご》の屋あり。日ごろ左府の御方たりと云々。侍廊《さぶらいろう》の北東に当たり三間《けん》四面《めん》の卯《ぼう》酉《ゆう》の屋あり〈日ごろ前殿下の御方なり〉。くだんの所をもって女房の御方となす。

▼**藤原道家**　一一九三〜一二五二。良経《よしつね》の男。みずから摂政となったことはもちろん、摂政・関白となった男子三人、鎌倉幕府の将軍となった頼経《よりつね》、四条《しじょう》天皇の母となった娘をはじめ、僧侶となった子も諸寺の頂点に立つなど栄華をきわめた。三七ページ系図参照。

▼**『葉黄記』**　摂政藤原道家や後《ご》嵯峨《さが》上皇《じょうこう》に重用された権《ごんの》中納言藤原定嗣の日記。定嗣が葉室《はむろ》中納言(黄門)と称されたことからこの名がある。一二三〇〜四九(寛喜《かんぎ》三〜建長《けんちょう》元)年の記事を有する。

【意訳】　今夜、左大臣《さだいじん》兼経〈二八歳〉が摂政道家の娘〈二七歳、故藻璧門院の同母妹。第二女〉と結婚なされることになった。摂関家《せっかんけ》代々の結婚の例の多くは執聟の礼であり、あるいは親迎の儀である。平治・建仁のときはいずれもお迎えの車をだした。しかしこれらの例はよろしくない。そこでよく考え、こちらの女家側から男家へと渡るのがいいだろうということになった。この結婚のことに関しては、蔵人左衛門権佐の藤原高嗣〈道家の年預家司である〉が前もって道家のおおせをうけたまわって差配を行ってきたのである。事ごとに最密事の形で行った。したがって、新しいやり方の部分もある。ただ時勢に応じて取りはからった。事前に細々としたことを参議藤原親俊卿〈兼経の執事《しつじ》家司である〉にたずね、両方で承知しておいた。……邸宅は近衛大路の北、室町小路の東にあり、日ごろは前関白家実《いえざね》が一緒に住んでいたところである。この結婚のことがあるので、家実は去年から武者小路猪熊邸にお移りになっていた。……東方〈中門にあたる〉に南北方向の建物があり、日ごろは兼経の部屋だということである。侍廊の北東にあたるところに三間四面の東西方向の建物がある〈日ごろは家実の部屋である〉。この建物を妻の部屋とした。

二八歳の兼経と二七歳の道家の娘との結婚である。彼女に「仁子」の名がつけられるのは後年のことであるが、便宜上、ここでは彼女を仁子と呼んでおく。道家の日記『玉蘂《ぎょくずい》』▲の同日条によると、この結婚は四、五年前から申入れがあったものの、道家はこれを固辞していたという。代々の摂関家の例は、多くの場合、男性が女性方の邸宅にはいる「執聟の礼」をとっていたが、男性が女性宅に迎えにいく「親迎の儀」というケースもあった。平治年間(一一五九〜六〇)の藤原基実《もとざね》と藤原信頼《のぶより》の妹の例や一二〇二(建仁二)年の藤原良輔《よしすけ》と藤原信清《のぶきよ》の娘の例は、迎えの牛車《ぎっしゃ》を差し向けて女性を男性の邸宅に迎える形であったが、これらの例は先例とするにはふさわしくなかった。そこで、迎えなしに道家の娘が兼経邸に渡る形式がとられた。この点については、道家も平治の例は入内《じゅだい》▲のような形式だったので先例とすべきではなく、永万《えいまん》・承安《じょうあん》・建仁の例は不快なので、今回は迎車を用いずに、道家邸から娘を送り遣わすようにとの、兼経の父家実の命に基づいて、今回の形式が整えられたと述べている。平治・永万の例は早世した基実の例、承安は子孫をたってしまった藤原基房《もとふさ》の例、建仁も早世

▼**『玉蘂』**　藤原道家の日記。一二〇九〜三八(承元《しょうげん》三〜暦仁《りゃくにん》元)年の記事が江戸時代の写本として残っている。

▼**入内**　皇后・中宮《ちゅうぐう》・女御《にょうご》などの皇妃《こうひ》が儀式をともなって正式に内裏に参入すること。

した良輔の例であったので、不快とされたのであるが、摂関家の婚姻開始の方式が、女性方が提供する邸宅での「執聟」の形を主流としつつも、平安時代末期から鎌倉時代初期にかけて男性が女性を迎えにいく「親迎」が登場し、鎌倉時代前期になると嫁入りの形をとるようになっていったことがわかる。ただし、「執聟」も婚姻開始期の居住形態であり、一定期間ののちは、男性側が提供する邸宅に移るのが一般的であった。

結婚式の万端は道家家の年預家司▲である藤原高嗣(のちの定嗣)が道家のおおせをうけて取り仕切った。子細は前もって兼経家の執事家司▲である藤原親俊と相談して、両者の了解のもとで執り行われている。二人の新生活の場は、近衛室町の邸宅であった。以前は兼経とその父家実が同居していたが、結婚にさきだって家実は武者小路猪熊邸に移り、家実が使っていた建物(侍廊の北東に位置する)が新婦の部屋にあてられ、兼経は結婚前から暮していた建物をそのまま自室とした。夫方居住の形をとっても、やはり父子別居であった。

この日の深夜、仁子は前駈の諸大夫《しょだいふ》▲、女房▲、殿上人《てんじょうびと》▲たちを従えて一条邸を出発し、近衛邸にはいった。彼女の身の回りの品をおさめた唐櫃《からびつ》なども持ち込

▼**年預家司と執事家司**　貴族の家政機関である政所《まんどころ》の長官(別当《べっとう》)を家司と呼んだ。複数名いる家司のうち、首席の者を執事家司、一年間事務的な実務を執行する家司を年預家司という。

▼**諸大夫**　摂関家の家人である四位あるいは五位クラスの人びと。七ページ参照。

▼**女房**　天皇・皇族・貴族家、あるいは武家に仕えた女性。

▼**殿上人**　内裏清涼殿《せいりょうでん》への昇殿を許された四位・五位の者。

▼御帳　御帳台のことで、内裏や貴族邸宅に設けられた寝台。

●御帳台(『春日《かすが》権現《ごんげん》験記《げんき》絵《え》』)

まれ、準備が整ったことを高嗣が兼経方の責任者親俊に告げると、供を従えた兼経が自室から新婦の居所に移り、仁子がいる御帳《みちょう》▲のうちにはいって装束を解いた。二人はふたたび装束を着けてそれぞれ御帳の南北からでて座り、女房らが食膳を供した。以後、兼経夫婦は原則としてこの邸宅を本邸として暮すこととなる。

中世後期の居住形態

南北朝《なんぼくちょう》期以降になると、公家《くげ》の経済力が低下していたために、複数の邸宅を維持することはかなりむずかしくなっていた。そこで結婚が決まると男家では同一敷地内に別棟を建て、そこを子息夫婦の新居にあてる、いわば二世帯型の住居の形をとった。ただし、食事はそれぞれの建物でできるようになっていたから、竈《かまど》や炉《ろ》は別だったと考えられている。その後も父子二世代が同一敷地内に居住し続ける場合もあったし、親夫婦が息子夫婦に邸宅全体を譲り、他の屋敷をえて移り住むこともあった。

室町幕府の将軍の家では、未婚の子どもは母親とともに同一の御所《ごしょ》内の別御

●—室町時代の公家邸・飛鳥井《あすかい》殿《どの》(『洛中洛外図屏風《らくちゅうらくがいずびょうぶ》』上杉本)

所に居住していたが、既婚の子息は別の邸宅に居住した。たとえば、父なきあとも引き続き三条坊門殿《さんじょうぼうもんどの》に居住していた足利義満《あしかがよしみつ》は、正妻業子《なりこ》と結婚後ほどなくして室町殿を新造してそこに移った。九歳で将軍となった義満の子義持《よしもち》も室町殿に居住していたが、彼が一二歳になった年に義満は北山殿《きたやまどの》を建て、その三年後には本格的に居を移し、室町殿は義持に譲られた。義満没後、義持は北山殿に住み、三条坊門殿を新築して引っ越している。義持の子息義量《よしかず》は、一九歳で死去するまで三条坊門殿のなかにあって独立した様相を呈している小御所に居住していた。

鎌倉時代の『吾妻鏡《あずまかがみ》』には幼い男女が将来結婚するように取りはからわれている事例がいくつかみられる。源頼朝が三浦義澄を座に招き、孫娘の一人を北条泰時《やすとき》の妻とするように命じたのは、一三歳の泰時が元服《げんぷく》した儀式のときのことであり、二人の結婚はその八年後である。北条泰時の五、六歳の息子と宇都宮《うつのみや》泰綱《やすつな》の二、三歳の娘との婚約の話を聞いた藤原定家《さだいえ》は、前もって結婚の約束をするのは東国《とうごく》武家社会の風習であると評しているが、南北朝時代以降は貴族社会にも広まっていった。三条西実隆《さんじょうにしさねたか》と甘露寺元長《かんろじもとなが》とのあいだで、息子と娘を結婚させようとの「内々の契約」が行われたのは、結婚の五年前、息子一九歳、娘一三歳のときである。

③ 家の継承と相続

家の象徴――武士の場合

「家《いえ》」は前章でみたような一組の夫婦を基本とした安定した家族関係を基盤として成立していた。しかし父子二組の夫婦は別邸宅、あるいは同一邸宅内の別棟に別居しており、嫡子《ちゃくし》から嫡子へと継承される「家」は、目にみえる建物としての家やそこに住む家族そのものではない。親子関係でつながったいくつかの家族によって構成される観念的な存在である。

では、「家」を継承するとは、具体的にはなにをさすのであろうか。嫡子が継承する「家」とはなにかを、ここでも『真《ま》名《な》本《ぼん》曾《そ》我《が》物語《ものがたり》』からみてみよう。

伊豆国《いずのくに》の領主《りょうしゅ》楠美《くすみ》入道《にゅうどう》寂心《じゃくしん》こと工藤助隆《くどうすけたか》は、男子がみな早世し、遺跡《ゆいせき》がたえてしまいそうだったので、継娘の子(実は助隆と継娘とのあいだにできた子だったという)を養育し、嫡子に取り立てて伊東荘を譲り、武者所《むしゃどころ》▲の一員として朝《ちょう》廷《てい》に出仕させて伊東武者助継《むしゃすけつぐ》を名乗らせた。また、死んだ男子の遺児もすてがたく、養って次男に立てていて、彼には河津《かわづ》を譲って河津次郎助親《すけちか》と名づけて

▼**武者所**　院御所《いんのごしょ》を警固した武士、あるいはその詰め所。一〇～三〇人が定員であった。

▼**本家と領家**　領家は荘園領主一般をさすこともあるが、寄進地《きしんち》系の荘園では、さらに上級の領主である本家と寄進契約を結んでいる荘園領主をさす。本家になったのは女院《にょいん》などの皇族・皇妃や摂関家に限られる。

▼**令旨**　ここでは皇太子・皇后などの皇族・皇妃の命令を側近が奉じた形式の文書をさす。

いた。助隆がなくなったとき、助親は「私こそ嫡々《ちゃくちゃく》であるうえに、祖父にも養育されたのだから、嫡子に立って、伊東荘に住むべきなのに、異姓他人の継娘の子をこの家にいれて、彼がおもなところを相伝《そうでん》したというのは納得がいかない」と思ったという。

この話から、嫡子はおもだった所領、とりわけこの家にとっての伊東荘のような根本《こんぽん》所領を譲られて、そこに居住することが重要だったことがわかる。この伊東荘の領有権は、荘園《しょうえん》の上級領主である本家《ほんけ》▲（皇太后宮藤原多子《こうたいごうぐうふじわらのたし》）の令旨《りょうじ》▲や領家《りょうけ》（平重盛《たいらのしげもり》）の御教書《みぎょうしょ》を賜って安堵《あんど》されるもので、十二世紀の荘園公領《こうりょう》制の「職《しき》▲」の体系のなかにあっては下司《げし》職などの「職」の形をとっていた。

文書史料においても「嫡子」の語が頻出し、所領の譲与理由に嫡子であることがあげられるようになるのは十二世紀になってからであり、その相続対象は、大禰宜《おおねぎ》職や御供司《みぐし》職・本司《ほんし》職・公文《くもん》職などの「職」とそれに付属する所領がおもなものであった。十二世紀半ばになると、嫡子から嫡子へと数代にわたって継承されてきたことが「嫡々の理《ことわり》」という継承の正統性を示す道理にまで高められ、主張されるようになっていた。

▼**職**　職務と収益権が一体になった中世的な権益。荘園公領制下の領家職・下司職・公文職などの諸職のほか、神社の大禰宜・本司・御供司などの神官も「職」化した。

●—伊東氏関係系図

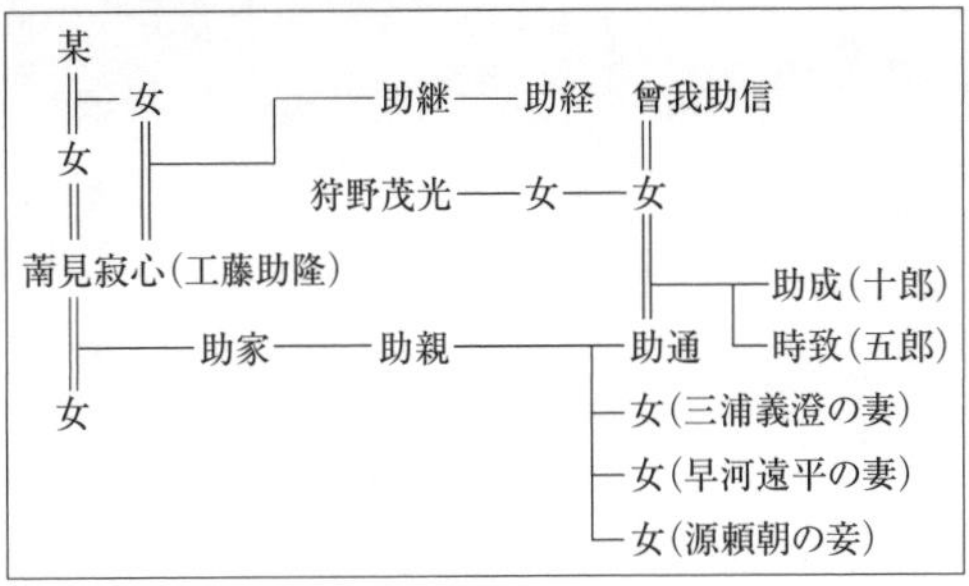

▼**『沙汰未練書』**　鎌倉時代末期につくられた訴訟実務の手引書。

▼**見参**　従者が主人に対して参上したことを報告すること。直接対面せず、取次ぎを介することが多い。初参《ういざん》のときには、名を記した名簿《みょうぶ》を提出することもあった。

『沙汰未練書《さたみれんしょ》』▲は「御家人《ごけにん》とは、往昔以来、開発領主として、武家の御下文《おんくだしぶみ》を賜る人のことなり〈開発領主とは、根本私領なり。また本領ともいう〉」と定義している。のちに鎌倉幕府《かまくらばくふ》の御家人層を形づくるような地方武士にとっては根本所領とその地の領主であることを示す所職を継承することが「家」を継承することの具体像であった。

もう一つ重要な点は、助継が武者所として出仕していたように、朝廷《ちょうてい》や主家《しゅけ》などに対し、「家」を代表して奉公《ほうこう》することであった。重病に陥った助継は、みまった弟助親に対して、子の金石（のちの助経《すけつね》）をつれて都にのぼり、領家平重盛の見参《げざん》▲にいれ、本家藤原多子に祗候《しこう》して奉公を果たすことを願っている。これは「家」が単に根拠地の継承のみではなく、上級領主に奉公して所職を認められてはじめて成立し、存続しうるものであったことを示している。

「家」には、「家」とその継承を象徴するようなモノも伝えられていた。『平家《へいけ》物語』には「そもそも唐皮《からかわ》という鎧《よろい》、小烏《こがらす》という太刀《たち》は当家に嫡々相伝していて私まですでに八代である」と、嫡子から嫡子へと伝えられる「家」と軌を一にする鎧・太刀の存在が記されている。これらは木製・竹製の弓などと違って、手入れ・修理をすれば、長期間の伝存にたえられるものであったから、「家」の象徴となりえたのだろう。また、鎌倉で源頼朝《みなもとのよりとも》に謁見《えっけん》し、歌道《かどう》や弓馬《きゅうば》のことをたずねられた西行《さいぎょう》は、「弓馬のことは、在俗していたころには、心ならずも家風を伝えていたが、一一三七（保延《ほうえん》三）年八月に遁世《とんせい》したとき、秀郷朝臣《ひでさとあそん》以来九代嫡家《ちゃっけ》相承の兵法を焼いてしまった。罪業《ざいごう》のもとであるので、そのことはまったく心にとどめておらず、すべて忘れ去ってしまった」と答えている（『吾妻鏡《あずまかがみ》』文治《ぶんじ》二〈一一八六〉年八月十五日条）。後世の兵法書《へいほうしょ》の類とは異なるのであろうが、覚書《おぼえがき》などを含む典籍・文書類も「嫡家相承」の「家」の象徴として伝えられたのであろう。

家の象徴——貴族の場合

貴族《きぞく》社会では、嫡子が「家」の象徴として相続するのは、このような書物、とくに祖先の日記や祖先が残した文書であった。中流以下の貴族にとっての所領は、荘園の領家・預所職《あずかりどころしき》▲のような形をとっており、本所《ほんじょ》として人事権をもっている上級領主によって、いつ改替されるかわからない不安定なものであった

▼**預所職**　荘園領主の代官職。荘園の支配権をもつ本家からみて領家をさすこともある。

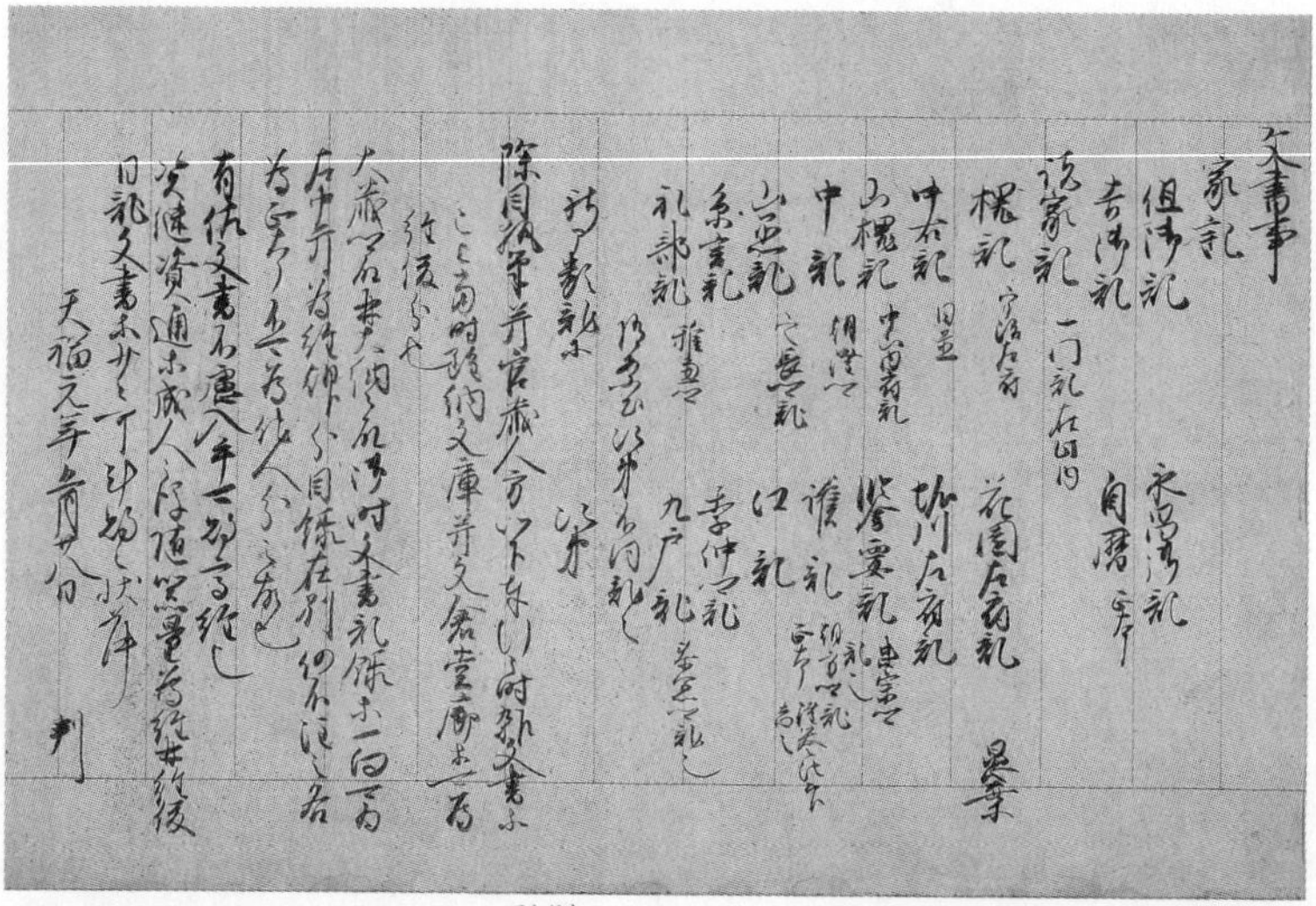

●——**家記の譲状**(『御遺言条々』天福《てんぷく》元〈1233年〉5月28日)　藤原経房《つねふさ》の孫資経《すけつね》が次子経俊《つねとし》にあたえた文書(記録)の譲状である。藤原隆方《たかかた》の『但御記《たんぎょき》』，為隆《ためたか》の『永《えい》昌御記《しょうぎょき》』，経房の『吉御記《きつぎょき》』，資経の『自暦《じれき》』といった代々の「家記」と，一門の日記や他家の日記である「諸家の記」が譲られている。『自暦』を除く家記の正本(原本)は嫡子為経《ためつね》に譲られており，経俊には複本があたえられた。為房《ためふさ》・経房時代の文書・記録類も原本はことごとく為経に譲られている。

この譲状は，経房以下歴代の譲状や関連文書の写を1巻にまとめた『御遺言条々』のなかの1通として，子孫の勧修寺家に伝来した。

▼**口伝と教命**　口頭で授ける口伝に対して、教命は書状での問合せへの回答なども含む教示。男系子孫のみならず、外孫や親族以外の者に対しても行われた。

▼**家格**　六ページ参照。

●——**摂関家略系図**

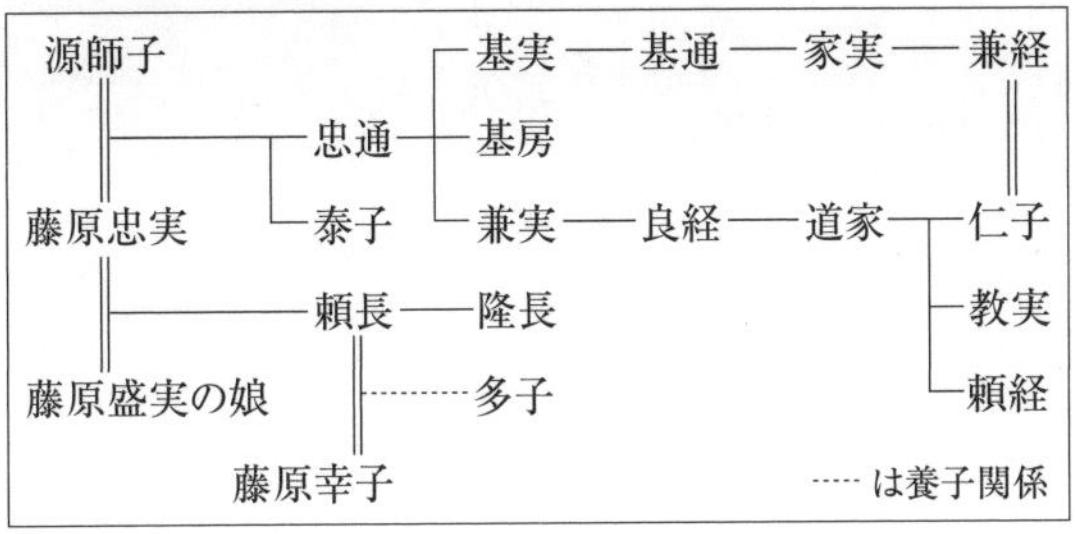

し、邸宅も女子に伝領されたり、分割相続されることが珍しくなく、嫡子の相続分は意外と少なかったことが明らかにされている。それに対して、祖先の日記原本は嫡子が相続すべきものとされ、庶子は必要が生じたときに、嫡子から借りて書き写した。

祖先の日記が必要とされるのは、政務の場における儀式作法《さほう》の参考とするためである。平安時代中期に集大成された儀式作法は、口伝《くでん》や教命《きょうめい》▲によって伝えられ、広い意味での「家風《かふう》」を成立させていたが、十一世紀までの日記や文書・儀式書などは必ずしも男系の子孫に譲られなかった。ところが、十一世紀末から十二世紀になると、日記は男系の子孫のためのもの、「家」のためのものと意識されるようになる。これはちょうどそのころ、位階《いかい》の昇進、官職・役職などの政治的地位の獲得についての「家の例」「家の習い」が形成され、貴族社会の家《か》格《かく》▲ができあがったことと密接な関わりをもっていた。家格の成立によって父子で同じ昇進ルートをたどるようになると、その官職在任中に受けとった文書や作成した文書の控え、職務のマニュアルとなる日記がその家にたくわえられるようになり、そのたくわえられた文書・日記が「家の文書」「家の日記」(家記《かき》)となったのである。十二世紀半ば、子息忠通《ただみち》を義絶し、次子頼長《よりなが》を後継者とした藤原忠実《ただざね》は、忠通に譲ってあった祖先の日記をつぎつぎと取り戻し、「我が家を伝える」頼長に譲りなおしている。

火災の多い京都にあって、燃えやすい家記を守り伝えることは至難のことであった。一一七七（治承《じしょう》元）年あいつぐ火災で被災した平基親《もとちか》は、藤原兼実《かねざね》に「文書焼失のこと。時範《ときのり》・定家《さだいえ》・親範《ちかのり》三代の記録はおおよそ取りだせたが、三分の一は焼けてしまった。そのほかの史書の類は少々取りだした。そのほか七〇〇余箱はすべて焼失してしまった。一〇代の文書が一瞬に滅亡した。これは家がすべてなくなったことである」と語っている（『玉葉《ぎょくよう》』治承四〈一一八〇〉年七月十八日条）。火災にあった彼がまず取りだしたのは祖先の日記であった。代々摂関家《せっかんけ》に仕え、蔵人《くろうど》・弁官《べんかん》などの実務官僚を経歴して日記や文書を残してきた基親にとって、祖先の日記の三分の一を失ってしまったこと、一〇代にわたって蓄積してきた文書をすべて焼いてしまったことは「家」を滅ぼしたことに等しかった。

また、儀式の際に用いる飾り太刀や笏《しゃく》なども、「家」を象徴するものとして嫡

●——巴《ともえ》の車文をつけた牛車（『輿《よ》車《しゃ》図考』）

子に伝えられた。「慶賀の笏」は拝賀《はいが》のときに用いられる笏で、藤原師実《もろざね》以来、忠実・忠通・基実《もとざね》・基通《もとみち》へと伝えられており、鎌倉時代には近衛《このえ》流の摂関家に伝来していた。忠実から「家」継承者として認められた頼長の子弟はこれを借りて用いているが、忠通の庶子である兼実はこれを用いていない。牛車《ぎっしゃ》に使用する車文《くるまもん》に嫡庶の別が生じていたことも知られており、これらは儀式などでの「家」の可視的な象徴となっていた。

家と家業

「家」は一つの組織体として、家産をもち、家業を営んでいた。これまで述べてきた家の象徴である家記や家文書、財産の付属する所職などが家産であった。「五郎長村《ごろうながむら》をもって嫡男に立て、家業を相《あい》継がしむべきの由、平生の時、計らい置かしめおわんぬ」（『鎌倉遺文《かまくらいぶん》』三九六〇号）とあるように、家業も家とともに嫡子によって継承された。

貴族の家にとっては、「数代弁官の家」とあるように、一定の官職を数代にわたって歴任することが家業と意識され、政務や儀式の故実《こじつ》作法に通じている

「重代公事《じゅうだいくじ》の家」と称される家も成立していった。

十一世紀末から十二世紀の史料に散見される「日記の家」という存在がある。『今鏡《いまかがみ》』▲は、武士として「世の固めにおはする筋」の清盛《きよもり》たち高望《たかもち》流桓武《かんむ》平氏《へいし》に対して、清盛の妻の実家である高棟《たかむね》流桓武平氏の「家」を「日記の家」と呼んでいる。さきほどの平時範・定家・親範・基親らの家がこの高棟流の「日記の家」にあたる。「日記の家」とは単に代々日記を書き残している家のことではない。「日記の家」は、「くわしくは日記の家に尋ねて聞くべし」(『戒壇院本尊印相抄《かいだんいんほんぞんいんぞうしょう》』)とあるような諮問に対して、家記を検索して所見・先例を注進するという機能をもっていた。さらに、彼らが仕える摂関家では、記録役として家の行事を記録し、ときには主人にかわって日記を書いた。「次々の儀、知信記《とものぶき》に見ゆ」のように、摂関家の当主の日記には、詳しいことは○○の日記に書かれていると記されていることも多い。また、藤原忠実の『殿暦《でんれき》』▲には、祖母の逝去から四十九日の仏事までの記事について「去る四月三日以後の日記、余の日記は知信をもってこれを記さしむ。後に記す詞、余の筆の定めなり。くわしきことは彼の日記に見ゆ」と書かれている(永久《えいきゅう》二〈一一一四〉年五月二十二日条)。その間の日記は忠実を

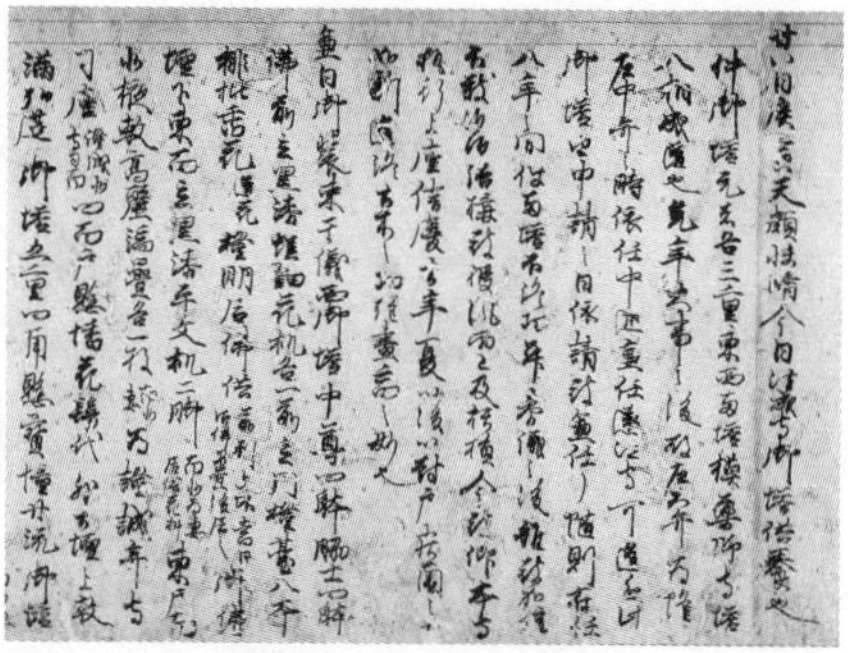

●—『知信記』天承二(一一三二)年春記　摂関家の一門寺である法成寺塔供養の詳細な記事を載せる。

▼『今鏡』　十二世紀後半につくられた歴史物語。

▼『殿暦』　関白太政大臣藤原忠実の日記。一〇九八～一一一八(承徳《しょうとく》二～元永《げんえい》元)年の記事が残る。

主語とした記事が残されているから、平知信が忠実のかわりに忠実を主語とする日記の下書きをし、あとから忠実が自筆で書き入れたということであろう。史料上で「日記の家」と称される家のほとんどが、蔵人・弁官の実務を担う一方で、摂関家の政所別当《まんどころべっとう》▲（家司）として活動している家であり、実務的な日記を記し、主人の依頼で故実や先例について家記を検索して諮問に答えるという「日記の家」の家業は摂関家のもとでつくりあげられたとみられる。

山科家《やましなけ》▲が内蔵頭《くらのかみ》▲への就任を独占し、天皇の御服調進を家業としたように、特定の官職と「家」の職能がさらに深く結びついて継承されるようになるのは、十四世紀半ばのことであった。

貴族たちの「家」は、和歌《わか》や音楽、蹴鞠《けまり》、能書《のうしょ》などの芸能も「家業」と意識するようになる。「弓馬《きゅうば》の道」とも称される武士の武芸もこうした芸能の一つと考えていい。

藤原定家は俊成《としなり》・定家と続く家を「仮名（和歌）の家」と意識し、後鳥羽上皇《ごとばじょうこう》とともに蹴鞠に夢中になり和歌をよまない子息為家《ためいえ》をみて「家の滅亡」となげいている。十二世紀後半の後白河院政《ごしらかわいんせい》期から十三世紀前半の後鳥羽院政期は、貴

▼**政所別当**　貴族の家政機関である政所の長官で、複数名おかれた。家司とも称される。二八ページ参照。

▼**山科家**　藤原氏北家《ほっけ》の四条家《しじょうけ》の支流で、家格は羽林《うりん》家。南北《なんぼく》朝《ちょう》期より別荘の所在地にちなんだ山科を称した。

▼**内蔵頭**　天皇家の財政をつかさどり、御服の調進、物品の調達などを職掌とした内蔵寮の長官。

族社会のなかでも芸能のもつ意味が大きく転換していく時代であった。さまざまな芸能を好んだ上皇によって芸能の地位が高められる一方、貴族社会の家格の固定化・分業化のなかで政務・実務を担わなくなった一部の貴族たちが芸能に存在意義をみいだし、それによって栄達をはかり、芸能を家業とする家をつくり始めたのである。定家の「和歌の家」、藤原定能《さだよし》の「郢曲《えいきょく》の家」、藤原基家《もといえ》の「鷹の家」や世尊寺《せそんじ》流の「能書の家」などは、この時期に芸能によって公卿《くぎょう》の地位を獲得した家である。中世前期の貴族にとって、「芸能の家」化は、官位・官職の昇進をはやめ、高める手段の一つであった。

十四世紀にはいると、「芸能の家」化する家は広がっていった。それまで朝廷行事における上卿《しょうけい》・内弁《ないべん》▲の職務、関東申次《かんとうもうしつぎ》▲としての政治的立場に存立基盤をおいていた西園寺《さいおんじ》家が「琵琶《びわ》の家」であることに大きな存在意義をみいだすようになるのは十四世紀のことである。琵琶が天皇の学ぶべき楽器と位置づけられ、西園寺の家の人びとがその師範をほぼ独占的につとめたために「琵琶の家」であることが西園寺家を支えるようになったのである。和歌や蹴鞠・能書などの芸能は、戦国大名《せんごくだいみょう》などにも広まり、彼らからの教授料や援助は公家《くげ》たちを経済的

▼**上卿と内弁**　上卿は朝廷の政務・儀式の執行責任者となった者で、大臣、大・中納言のなかから選ばれ、弁官《べんかん》・外記《げき》などの実務官僚を指揮した。内弁は節会《せちえ》などの重要儀式を統括する第一の大臣。

▼**関東申次**　鎌倉時代、幕府との交渉窓口となった朝廷内の役職。十三世紀半ば以降は西園寺家が世襲した。

にも支えた。

家の分立と相続制の変化

「家記」など、家産の相続が「家」の継承ラインと一致してきても、庶男子が必ずしもそこから排除されるわけではなかった。日記原本は嫡子に譲られたが、庶子は家格相応の官職をえると、「家記」の複本を譲られたり、あるいは日記の書写を許されてみずから必要な複本を作成し、それらをふたたび嫡子へと譲ることで、あらたな「家」を興すことが可能であった（三六ページ参照）。

武士の「家」でも、「嫡子にはむねと譲りて、次男より次第にすこしづつ減じて、むらなく譲りてけり」（『沙石集《しゃせきしゅう》』▲）といわれる分割相続制のもと、庶子はある程度の所領を父祖から譲られ、朝廷や荘園領主に仕えて奉公を果たすことで、官職や荘園の所職をあたえられて「家」を興すことが可能であった。その家をふたたび嫡子に伝え、次子以下はまた「家」を興していく。そうした「家」の分立は一族の繁栄を示すものでもあった。「家」の分立を可能にした背景には、十二世紀が開発の時代、荘園公領《こうりょう》制の成立期であったこと、鎌倉時代に地頭職《じとう》▲など分割

▼『沙石集』　鎌倉時代中期に僧無住《むじゅう》が著わした仏教説話集。

▼地頭職　荘園や国衙《こくが》領におかれた役職。警察権を中心に、広範な権益をもった。源頼朝は東国《とうごく》の武士たちの領主権を地頭職の形で認めた。

可能な所職が広汎に成立したことなどがあった。

しかし、鎌倉時代中期ごろともなると、所領の細分化が、弱小の領主にとっては「家」の分立を許さないところまで進行していた。『沙石集』のつぎの説話は、その辺りの事情を端的に示している。

丹波《たんば》国のそれほど貧しくはない小規模な領主が病死した。その遺言状には嫡子以下の男子八人と女子数人が所領を分割相続すべきことが記されていた。しかし、生得《せいとく》の嫡子(長子)は狭小な所領を分割してそれぞれが安堵を受けて宮仕えするのはたいへんであり、また見苦しいことでもあるからと、ただ一人の子息に「家」をつがせて、残りの子息には給田《きゅうでん》▲をえて出家することを提案し、自身は「家」をつぐ器量ではないと辞退した。兄弟たちはその提案にとまどいをみせたが、長子が兄弟のなかから五郎こそふさわしい人物であると指名し、「家」を継承して宮仕えするように言い含めると、他の兄弟たちもそれに同意してみな出家した。

領主としての地位を安堵されて「家」を分立させて、京都の荘園領主や幕府に仕えるためには、ある程度の収入が不可欠であり、分割相続の繰り返しがそれ

▼給田　ここでは家長から一定期間あたえられた土地をさす。給《きゅう》分《ぶん》という場合は、米や銭をあたえられる場合も含む。

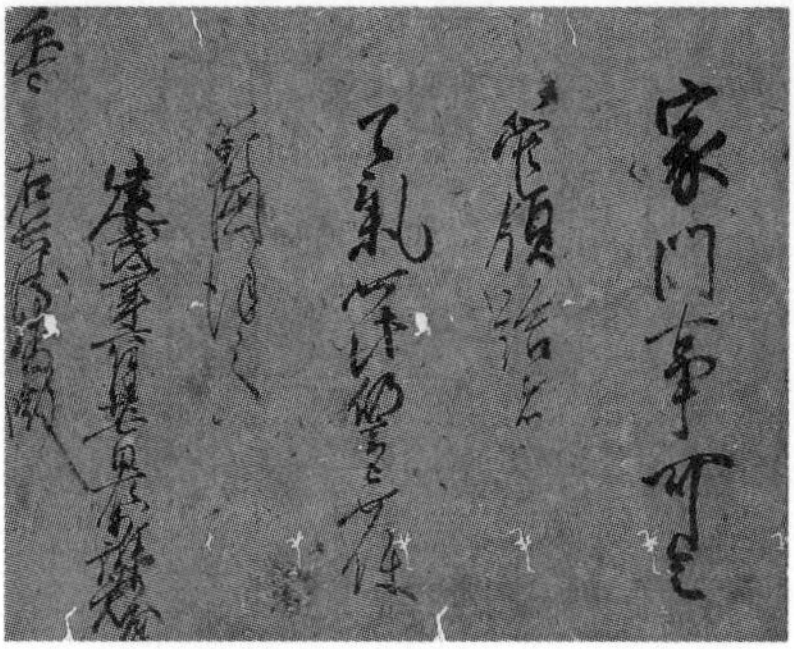

●—家門の安堵状（「後醍醐天皇綸旨《りんじ》」建武二〈一三三五〉年六月二十七日）

を困難にさせたのであった。これによって、この「家」では嫡子単独相続に移行し、庶子は独立した御家人とはならず、家長《かちょう》から給分《きゅうぶん》をあたえられる存在となり、やがて家臣《かしん》化していくのである。

貴族の場合、嫡子単独相続制への移行を促進させたのは、家門《かもん》安堵の導入であった。後醍醐《ごだいご》天皇は、各人に対して個別に所領を安堵するこれまでのやり方を、家記・邸宅などを含む「家」の総体（＝「家門」）とその継承を安堵の対象とする「家門安堵」と家門を単位とした「家領一括安堵」に切りかえ、以後この方式が一般的になっていく。これによって分割相続や庶子家の分立は抑制され、嫡子以外の男子は、寺院にはいって出家するか、年貢の一部の給付を受けて扶持されるか、他家の養子となるかという道しか残されなくなった。

分割相続から単独相続への移行の過程で、相続人に子孫がいない場合には嫡系に所領を戻すように規定することが多くなったが、譲与するときにあらかじめつぎの相続人を指定し、相続人の意志による自由な処分を否定する相続形式も生まれた。これが一期《いちご》譲与、一期分と呼ばれるものである。一期分が女子への譲与に際して多く用いられたのは、女子の没後、その夫や子息に譲られた場合、生家の嫡系子孫による公事《くじ》の賦課▲に支障をきたすことが多かったこと、「異姓他人」を相続から排除する観念が強まったことなどがその背景にある。庶男子への相続が否定されたあとも、女子一期分は婚家への持参財の役割を担って存続した。

家継承のジェンダー

平安時代中期には先祖の日記が女子を通じて外孫や他人の手に帰してしまうことは珍しくなかったが、祖先の日記が「家の日記」（家記）と意識され、「家」の象徴として位置づけられるようになると、女子は「家記」の相続から排除された。近衛中将《このえのちゅうじょう》から蔵人頭《くろうどのとう》をへるという家格相応の昇進ルートに乗った藤原忠親《ただちか》は、ようやく兄忠雅《ただまさ》から秘蔵の父の日記をみせてもらえることになった。書写を許されたが、その条件は、披露しないこと、女子に伝えないことであった（『山槐記《さんかいき》』永暦《えいりゃく》元〈一一六〇〉年九月十日条）。

十三世紀半ばごろには、武士クラスの「家」を象徴する所職の継承からも女子は排除される傾向にあり、相続人に男子がいない場合には、一族中の男子を養

▼**公事の賦課**　年中行事や儀式の遂行のために朝廷や幕府から課せられた公事は、「某跡」という形で、某の嫡系男子の惣領にまとめて賦課され、相続分の大小に応じて惣領が相続人に負担を配分することが多かった。

子として譲るべきことを記した譲状がみられるようになる。もっとも望ましい所職の継承は男子によるもので、つぎが甥、第三が一門に嫁した女子、そして最後が一門から迎えた養子の順であると記した譲状もある(『鎌倉遺文』二九〇九〇号)。所領の押領《おうりょう》などの実力行使や裁判によって、なんとか生家より所領を勝ちとろうとする既婚女性の行動は、夫方の「家」への帰属を前提としたものだったので、他家に嫁した女性がまず所職の相続からはずされたのである。血縁者による継承がなによりも望まれ、他人養子は極力忌避されたが、十四世紀には、実子が女子であるという理由で、他姓の者が養子に迎えられ、嫡子に立てられて所職を相続する例が登場する。

戦国時代に家督を相続した例外的な一人の女性の話をしておこう。井伊直盛《いいなおもり》の娘の「次郎法師《じろうほうし》」という女性である。男性の実子のいなかった直盛夫妻は、一族の直親《なおちか》を養子にして、実の娘と結婚させようと考えていた。実子が女子のみの場合にみられる一般的な「家」継承の形である。しかし、直親が九歳のときに養父直盛が死去し、仏教に帰依した次郎法師は直盛の弟南渓禅師《なんけいぜんじ》を師として尼となった。ところが一五六二(永禄《えいろく》五)年直親が謀反《むほん》の罪で殺され、直親の子万《まん》

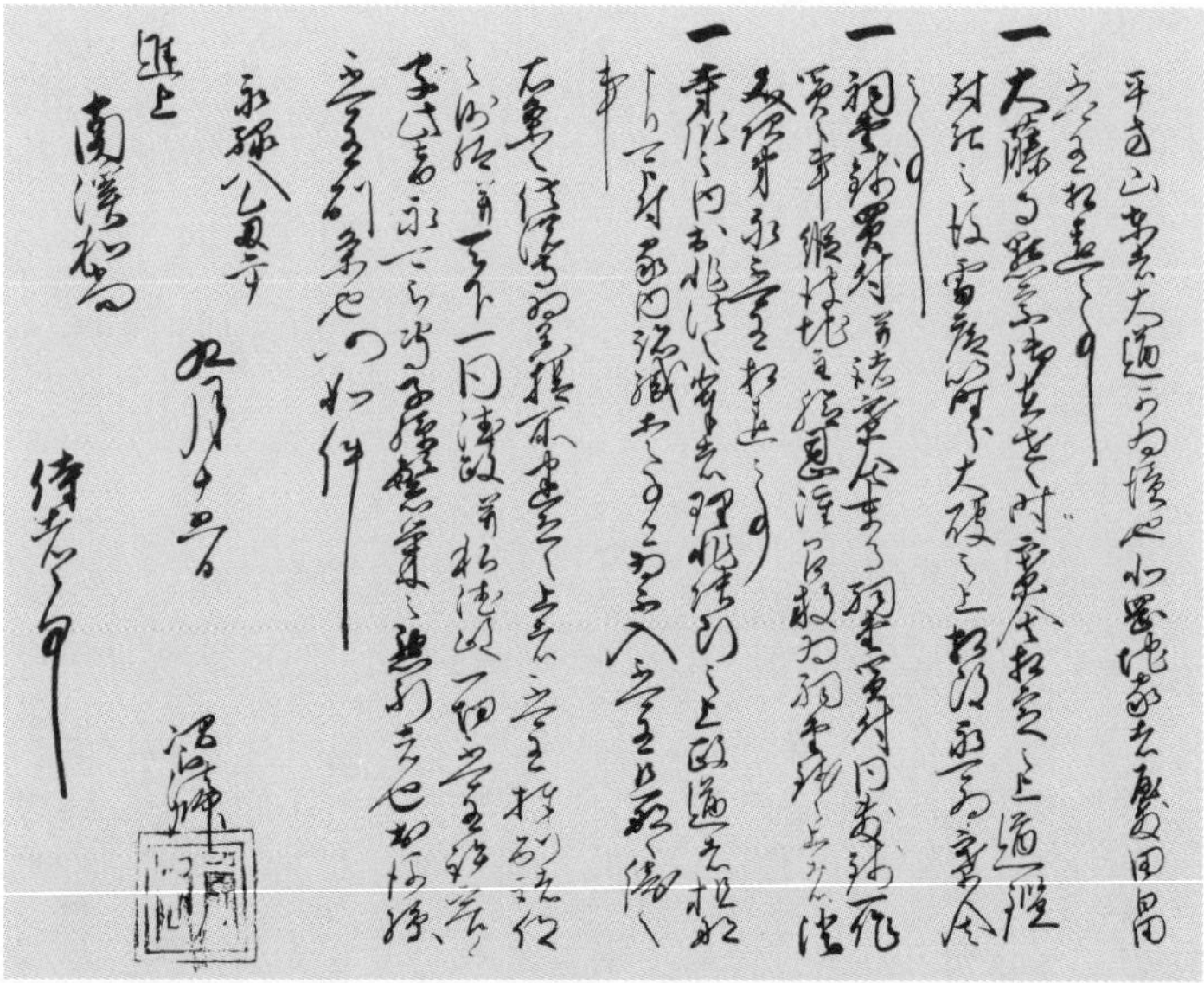

●──「次郎法師」の発給文書(「井伊直虎置文《おきぶみ》」『龍潭寺《りゅうたんじ》文書』永禄8〈1565〉年9月15日)

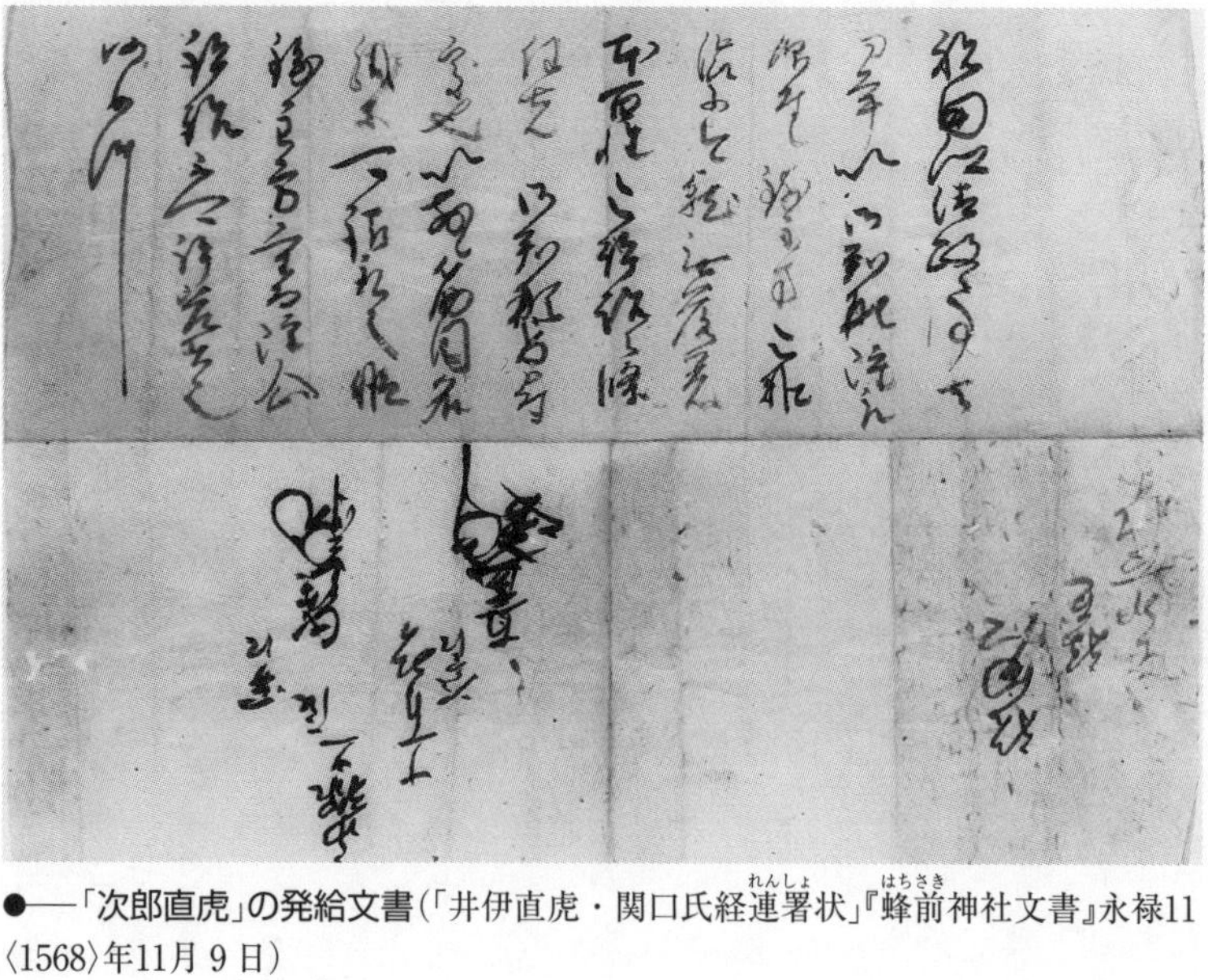

●──「次郎直虎」の発給文書(「井伊直虎・関口氏経連署《れんしょ》状」『蜂前《はちさき》神社文書』永禄11〈1568〉年11月9日)

▼『鎌倉年代記』　鎌倉時代の天皇・摂関、幕府の諸職の在任者とその経歴、政治的事件などを書き込んだ年表。鎌倉末期の成立。

千代《ちよ》(のちの直政《なおまさ》)も身を隠さざるをえなくなるという不測の事態が起こる。「家」存続の危機にあって、直盛の後家《ごけ》と南渓禅師が相談して家督としたのが「次郎法師」であった。彼女は領主として数通の文書を発給しており、なかには「次郎直虎《なおとら》」と署名しているものもある。次郎法師の養子となった直政が徳川家《とくがわいえ》康《やす》に取り立てられるのは一五七五(天正三《てんしょう》)年であるから、その間の一三年、「次郎法師」「次郎直虎」という男性名を名乗り、女性であることを否定してはじめて、彼女は井伊家の家督となり、領主となることができたのである。

女子による家の継承は否定されたが、女性による「家」継承が行われなかったわけではない。頼家《よりいえ》・実朝《さねとも》なきあとの、鎌倉将軍家の家長が政子《まさこ》であったことは、『吾妻鏡《あずまかがみ》』の記事から明らかであるし、鎌倉時代に編纂された『鎌倉年代記』▲をはじめとする記録類が、政子を将軍(鎌倉殿)の一人として数えているのも、その現れである。家長としての政子の立場は一般に「後家《ごけ》」と称されている。中世における「後家」は、単なる未亡人という意味ではなく、夫死後の「家」支配権を行使し、後継者が幼少の場合は対外的な「家」の代表者ともなる地位を示すものであった。瀬野精一郎編『増訂鎌倉幕府裁許状集』上(吉川弘文館)におさめら

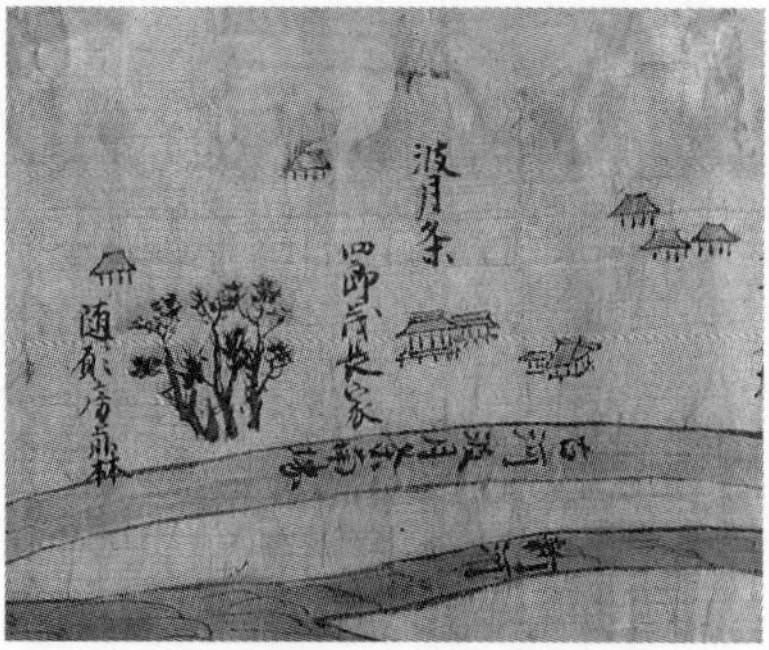

▼**越後国奥山荘**　現在の新潟県北部にあった摂関家領荘園。和田義盛《よしもり》の弟宗実《むねざね》以来、その子孫が地頭職を伝領した。

●—**和田茂長の家**（『越後国奥山荘波月《なみつき》条絵図』）

れた判決文書のうち、約二〇％が女性を当事者とした裁判であるが、その多くが後家（後家尼）であった。子息などがかわって裁判に臨んでいることもあるが、代官を立てずに単独で戦っている後家も少なくない。

政子の場合は、頼朝の生前から将軍御台所《みだいどころ》として特別な地位にあり、将軍後継者頼家・実朝の実母でもあったから、その地位はゆるぎないものであった。ただ、すべての家でそうであったわけではない。正妻と、嫡子の実母が異なる場合には、どちらが「後家」となったのであろうか。越後国奥山荘《えちごのくにおくやまのしょう》▲の和田《わだ》氏の例でみてみよう。

一二九五（永仁《えいにん》三）年ごろ死去した和田茂長《もちなが》には、生蓮《しょうれん》、覚性《かくしょう》（小泉定長《こいずみさだなが》の娘）と葛西経蓮《かさいきょうれん》の娘の三人の妻妾がいたことが確認できる。経蓮の娘は文書のなかで「亡母平氏《へいし》」とも表記されているので、在俗のままなくなったとみられる。この時代は夫が死去したとき、妻はその菩提《ぼだい》をとむらうために出家するのが望ましいと考えられていたから、彼女は夫よりも早くなくなっていた可能性が高い。ほかの二人は、茂長の死後も生きていた。ところが、二人のうち「茂長後家」と呼ばれているのは生蓮である。それに対して覚性は「茂長後家」とは呼ばれず、茂長の孫茂実《もちざね》の「祖母尼覚性」としか呼ばれていないし、経蓮の娘も茂長の娘の「亡母平氏」と示されるだけである。生蓮が夫茂長との関係で社会的な地位を築いているのに対して、覚性らは子や孫との関係のみによって社会的に把握されているといえよう。覚性は夫から一期分として遺領の譲与を受け、経済的な保障をあたえられてはいるが、後家生蓮とは社会的地位に大きな差があった。鎌倉時代には一夫一婦が基本であり、複数の女性とのあいだに配偶関係がある場合には、妻妾の差がはっきりとしていた。茂長には兼連《かねつら》・義兼《よしかね》という二人の男子がおり、茂長の「家」は兼連、その子茂実へと引き継がれるが、兼連の母は後家生蓮ではなく、覚性であった。後家の地位への就任は、正妻であるという夫との配偶関係のあり方によって決定されるもので、「家」継承者である嫡子を産んでいるかどうかによるものではなかったのである。

▼侍　貴族家に奉仕する五位・六位クラスの官人。七ページ参照。

▼初参　三四ページの「見参」参照。

④―家内のジェンダー

貴族の家政機関

藤原兼経《ふじわらのかねつね》と道家《みちいえ》の娘仁子《にんし》との結婚に際しては、道家家から女房《にょうぼう》・侍《さぶらい》▲が新婦についてきて祗候《しこう》し、彼女への奉仕を行った。そのうち侍五人の名簿《みょうぶ》は道家家の家司《けいし》（政所別当《まんどころべっとう》）高嗣《たかつぐ》の手で兼経に進められ、初参《ういざん》▲が行われた。名前の二字を記した名簿は、主従関係を結ぶ際に提出されるものであるから、仁子に奉仕する侍たちも、家長《かちょう》兼経の「家《いえ》」支配権のもとにはいったことを示している。

結婚からわずか二カ月後、道家は聟《むこ》の兼経に摂政《せっしょう》の地位を譲った。摂政の妻となった仁子にも家司が任命され、彼女は「北政所《きたのまんどころ》」と称されるようになる。兼経の家政と仁子の家政との関係については、史料的に不明であるので、やや時代的にはさかのぼるが、同じ摂関家《せっかんけ》の藤原頼長《よりなが》と妻幸子《こうし》、養女多子《たし》、子息隆長《たかなが》らの家政の関係をみておこう。

一一四八（久安《きゅうあん》四）年、多子が近衛《このえ》天皇に入内《じゅだい》することとなり、それにさきだって彼女やその母幸子に名がつけられ、叙位《じょい》が行われた。そして幸子・多子それぞれに家司が補任《ぶにん》された。服藤早苗氏の研究によりながら、その手続きと構成員を頼長の家政機関との関係でみておく。

頼長は自身の政所別当藤原親隆《ちかたか》を呼んで、妻の家司に任命する人びとを伝え、任命の文書を作成させた。頼長の家司・職事《しきじ》(侍所《さむらいどころ》別当▲)を介して、新任の妻方の家司の拝礼の儀と任命の手続きが行われ、多子の家政職員もほぼ同様のやり方で任命された。「三位御方《さんみのおんかたの》別当」すなわち幸子付きの家司に任命された藤原親隆・藤原敦任《あつとう》・藤原憲親《のりちか》は、いずれも頼長の家人《けにん》▲であり、とくに頼長の政所執事《しつじ》家司である親隆が兼任しているということは、実質的には頼長の家政とほぼ同一実態であったとみていい。頼長が内覧《ないらん》▲になった一一五一(仁平《にんぴょう》元)年、執政大臣の妻のみが政所をおくことができるという先例に基づいて幸子の政所も開設され、毎年八月には一年間の年中行事の経費負担者(家政職員・機関)を決める所宛《ところあて》も頼長の所宛と一緒に行われるようになる。一一〇九(天仁《てんにん》二)年に行われた藤原忠実《ただざね》の妻師子《しし》の政所始めは、忠実の東三条《ひがしさんじょう》政所で行われているから、夫婦の政所は空間的にも同一のものであったと考えられる。

では、子弟の家政機関の場合は、どういう関係にあるのだろう。一一五二

▼**侍所別当**　貴族家に奉仕する侍の統括をおもな任務とした家政機関である侍所の長官。職事とも称された。

▼**家人**　ここでは家司・職事など家政機関職員に限らず、主従的な関係をもって奉仕する人びとを広くさす。

▼**内覧**　天皇に奏上する文書や、天皇が裁可した文書をあらかじめみる職務で、摂政・関白に準じた。

（仁平二）年に頼長の子息隆長は元服《げんぷく》し、正五位下《しょうごいげ》に叙された。このとき任命された政所別当は、藤原親隆を筆頭に、藤原有成《ありなり》・藤原顕憲《あきのり》が名を連ねている。有成・顕憲は二人とも頼長の家人で、多子の家政職員もかねていた。やはり人的には頼長の家政に包み込まれるものだった。政所が邸宅内のどの建物におかれたかは不明であるが、隆長の侍所は、それまで頼長の侍所がおかれていた中《ちゅう》門廊《もんろう》の東舎をそれにあて、頼長の侍所はそれまでの随身所《ずいじんどころ》の建物に移った。着到の簡《ふだ》▲や台盤《だいばん》▲などの備品を備えておく必要のある侍所は、個々に用意されていたのである。

藤原忠実家の家計

摂関家の家政運営の実態を示す史料に『執政所抄《しっせいしょしょう》』（「続群書類従」所収）がある。一一一八（元永《げんえい》元）年から二一（保安《ほうあん》二）年ごろに成立したもので、藤原忠実家でどのような年中行事が行われ、そこで用いられる品々がどこから調達され、どのように運営されたかを書き上げたものである。ここでも服藤氏の研究を参考にしてその内容をみてみよう。

▼**簡**　家司・職事や侍などの姓名を位階《いかい》に応じて三段に記した板。出勤日を管理するためのものと考えられている。

▼**台盤**　侍始めなどの饗宴に用いられたテーブル。

たとえば三月三日の節供《せっく》の行事をみると、忠実・妻師子・娘泰子《やすこ》・子息内大《ないだい》臣《じん》忠通《ただみち》のために菓子(果物)が用意されている。忠実家の年預下家司《ねんよしもけいし》▲が珍しい果物を調進した。節供のごちそうは忠実・師子の二人の分が用意された。忠実分は忠実の家司に賦課されたが、師子分は「北政所家司」すなわち師子の家司に任命されている人物に賦課された。

六月十五日の祇園祭《ぎおんまつり》▲には、御幣《ごへい》をささげた。忠実分の立派な幣は各部品を納《おさめ》殿《どの》・修理所・御庄所《おんしょうどころ》などの家政機関が準備し、政所の出納《すいのう》の責任でこれをととのえた。娘の分の脇幣は忠実家の納殿が沙汰《さた》をした。それに対して、師子の脇幣は「御封《ごふう》をもってこれを勤仕《きんじ》するか」と記されている。「御封」は国家から師子に給付された封戸《ふこ》▲のことであり、師子独自の財産であったとみていい。それらの幣を担ぐ仕丁《しちょう》▲は忠実家の政所が集めた人たちであった。

三月十三日には薬師寺最勝会《やくしじさいしょうえ》▲があり、加布施《かぶせ》として綿《わた》をだした。これは「北政所沙汰」とある。「氏人《うじびと》の時の事」とあるのは、薬師寺を氏寺《うじでら》とする源氏の人が北政所のときの行事という注記である。忠実の妻師子は源氏《げんじ》の出身であった。国家的な規模の仏事であるので、運営を担当する太政官《だいじょうかん》の行事所《ぎょうじしょ》▲から前もっ

▼**下家司**　政所別当＝家司に対して、政所の下級職員である知家《ちけ》事《じ》・案主《あんじゅ》を下家司と称した。

▼**祇園祭**　京都の祇園社《ぎおんしゃ》(現在の八坂《やさか》神社)の祭礼。祇園御霊会《ごりょうえ》とも呼ばれた。

▼**封戸**　皇親《こうしん》や上級貴族・寺社などにあたえられた国家的給与。割りあてられた国司が一定戸数分の税を納入した。

▼**仕丁**　労役を賦課された成人男子。

▼**薬師寺最勝会**　毎年三月七〜十三日に薬師寺講堂で行われた法会。源氏長者《ちょうじゃ》が主催した(五六ページ写真参照)。

▼**行事所**　国家的規模の重要行事の遂行のために組織された役所。上卿《しょうけい》・弁官《べんかん》を中心に運営され、下級官人の官掌《かじょう》・史生《ししょう》が実務を担った。

●──薬師寺最勝会（『薬師寺縁起絵巻』）

て催促があり、忠実家の年預下家司がそれを了承した旨の文書を発給した。年預下家司が北政所の年預家司にそれを報告すると、いつもどおりに調進するようにと忠実家の納殿に命令がくだった。納殿は紙で綿をつつんでおき、最勝会の当日、年預下家司が送文に北政所家司の署名をもらって忠実家の出納を使いとして、その品を行事所の官掌《かじょう》に送り届けるという手はずになっていた。『永《えい》昌記《しょうき》』▲天永《てんえい》元（一一一〇）年三月七日条には、薬師寺最勝会の加布施の送り状が載せられている。

摂政右大臣家北政所
　送り奉る最勝会加布施の事
右、例により、送り奉ること、くだんのごとし。
　　―月　日別当、、、

別当の名前が省略されているが、これは前年から師子の家司をかねていた『永昌記』の記主藤原為隆《ためたか》の署名があったものと考えていい。師子は封戸や荘園《しょうえん》など自身名義の独自の財産をもっていたが、それらは夫忠実の家政機関のもとで一緒に管理され、師子の名で負担するものも忠実の年預下家司が中心になって忠実家の家政機関でととのえられた。しかし、「摂政右大臣家北政所」の別当が決済し、対外的にも彼の名で文書が発給されている。朝廷《ちょうてい》からの命令が、夫忠実の年預下家司に対して行われているのは、師子には下家司がおかれておらず、行事所の官掌クラスと釣合いのとれる師子家の家政職員がいなかったためであろう。

一一一一(天永二)年八月十二日に行われた北野社《きたのしゃ》▲の大般若経《だいはんにゃきょう》供養《くよう》は、忠実家の侍所別当源盛家《みなもとのもりいえ》が奉行《ぶぎょう》し、僧膳は家人の下野国司《しもつけこくし》源明国《あきくに》が負担し、僧の布施のうち導師の被物《かずけもの》は忠実の納殿が担当しているが、この大般若経そのものは師子が二、三年にわたってみずから準備したものだというから、忠実の関与をへずに、師子が家政機関を動かして用意したのであろう。

『執政所抄』には、忠通方政所の経費負担については記されていない。それは『執政所抄』が作成された段階ではすでに忠通が経済的に忠実から独立していたからだと考えられている。忠通は一一一五(永久《えいきゅう》三)年に一九歳で内大臣になった。その任大臣大饗《にんだいじんだいきょう》▲はすべて忠実の沙汰で行われており、このときにはまだ独立していない。それまで忠実・師子・娘と一緒に行われていた忠通の六月祓《みなづきばら》い▲

▼**『永昌記』**　左大弁藤原為隆の日記。一〇九九～一一二九(康和《こうわ》元～大治《だいじ》四)年の記事が残る。一〇ページ系図参照。

▼**北野社**　菅原道真《すがわらのみちざね》の怨霊《おんりょう》をしずめるためにつくられた神社。祟りの対象となった摂関家によって厚く保護された。

▼**任大臣大饗**　大臣に就任したときに自邸で行う大規模な饗宴。

▼**六月祓い**　六月晦日に行われた年中行事。茅輪《ちのわ》をくぐり、半年のケガレを取り除いた。夏越《なごし》の祓いともいう。

が、この年から忠通のみ同じ邸宅の別方で行われるようになり、少しずつ自立化の傾向をみせはじめるが、忠通が独立するのは翌一一一六(永久四)年である。まず正月五日に独自の宮咩祭《みやのめのまつり》▲がはじめて行われ、七月七日の乞巧奠《きっこうでん》▲などの年中行事や神社への奉幣《ほうべい》も別個に行われ始めた。十一月には忠通家の家印がつくられ、それにともなって膳所《かしわでどころ》・納殿など経済的部分の実態を担う家政機関が設置された。このことを記す忠実の日記には「大臣曹司に住むこと未だ聞かざることなり」と記されている。大臣が父親の邸宅の一部屋に住んでいるというのは聞いたことはなく、独立の必要があると考えたからである。忠通が結婚し、忠実の東三条殿の対屋をでて完全に別居するのは、その二年後の一一一八年のことであった。

三条西実隆家の家計

室町時代の貴族の例として、後藤みち子氏の詳しい研究がある三条西実隆《さんじょうにしさねたか》の家を取り上げよう。

三条西家では、実隆とその妻(勧修寺《かじゅうじ》教秀《のりひで》の娘)、子息公条《きんえだ》とその妻(甘露寺《かんろじ》元《もと》

▼**宮咩祭**　六柱の神をまつって供物をささげ、子孫繁栄・長寿延命を祈る祭。正月・十二月の初午《はつうま》の日に行われた。

▼**乞巧奠**　裁縫の上達を願い、牽牛《けんぎゅう》星・織女《しょくじょ》星に供え物をする祭。

●——久我家の「宇宙」の家印(「久我長通家御教書」暦応三〈一三四〇〉年十一月七日『東京大学文学部所蔵文書』)

●――三条西実隆・公条・実条《さねえだ》の三代の石塔(右より。京都市二尊《にそん》院《いん》)中央は実隆妻のものともいわれる。

長《なが》の娘)が同一敷地内の別屋に居住していた。この二組の夫婦を中心に一つの「家」が形成されていて、家の財政に関する実務は家政職員が担ったが、家長である実隆が責任をもって家計を掌握していた。

実隆の妻には実家から持参した播磨《はりま》国の所領収益権があり、毎年そこからだされる年貢はいったん三条西家にはいるものの、妻の分として彼女に渡されていた。実隆が公条の妻から借金をした記事もあるから、妻たちがある程度の経済力をもっていたことは確かである。

室町時代の貴族の正妻は、「南向《みなみむき》」「西向《にしむき》」など、「方角+向」の呼ばれ方をした。これを向名《むきな》という。三条西家では、実隆の妻を「東向」、公条の妻を「西向」と呼んでいる。この二人の呼び名は、他の貴族の日記にも記されているから、三条西家のなかだけで通用するものではなく、対外的にも認知された呼び名であったことがわかる。多くの家で姑と嫁とが、東―西、南―北の対になるような形でつけられた。公条の妻に「西向」の名がつけられたのは、結婚から約二年後のことであった。その日が公条の子息の魚味《ぎょみ》の儀式(はじめて魚を食べる行事)の日であったことは、正妻の座の確立が子どもの誕生と無事な生育によって保障されたことを意味するのだろう。

三条西家の主婦である東向は、家で催される和歌・連歌の会などでだされる酒肴《しゅこう》の準備や家で行われる追善仏事《ついぜんぶつじ》▲のときの僧侶への食事など、家中の「食」に関する部分を取り仕切っていた。その費用は家長実隆から事前に渡され、家人と相談し、彼らを動員してことにあたっている。米を買うための「飯米代」も家長から主婦に渡されている。家人など使用人に対する給料の支払いも主婦の役割だったらしい。

同居を続けた実隆親子の場合、姑から嫁への主婦権の委譲が問題となっている。公条の結婚から一九年後、妻三七歳のときである。公条が主婦権委譲のことを両親に申し入れたが、母は納得せず、前関白《かんぱく》九条尚経《くじょうひさつね》に嫁している娘北政所のところへ家出してしまう。翌日話を聞いた北政所が公条のところにやってきて母の気持ちを伝えて彼を説得しようとするが、公条は聞き入れない。実隆が公条の妻西向と話をしても、彼女は「夫がいうことなので、私にはなんとも……」と答えるばかりである。その次の日、東向が戻ってきて心中を語るのを聞いた実隆は、いうことに一分の理もあるかと思ったものの、あえて口にだ

▼追善仏事　四十九日まで死後七日ごとに行われる仏事や、一周忌などの年忌《ねんき》仏事、月ごとの命日に行う月忌《がっき》仏事などがある。

●──三条西家略系図

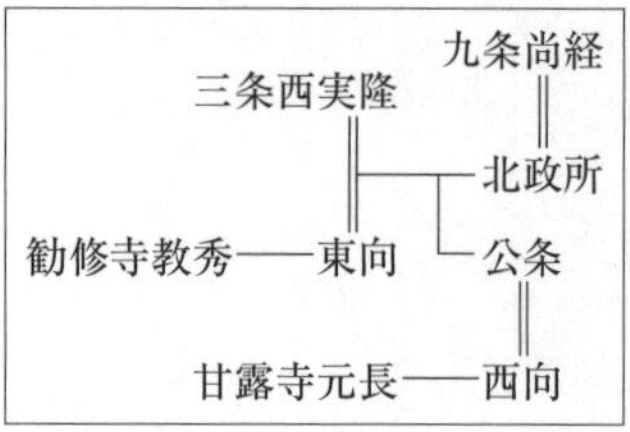

さなかった。事態が進展するのは一〇日後のことである。公条が「家中のこと」について自身の考えをもう一度述べ、ようやく母東向も納得した。その間には娘北政所の蔭の努力があったという。さらに一〇日後、ふたたび北政所が実隆邸を訪れ、家計のことは明日より公条妻西向の沙汰ということを実隆が命じて一件落着した。

追善仏事のジェンダー

誕生のころから藤原信家《のぶいえ》に養育された麗子《れいし》は、藤原氏を称していたが、死んだあとは生まれどおりに「源氏《げんじ》の人々の骨墓所のあたり」に埋葬された（『中右《ちゅうゆう》記《き》』永久二〈一一一四〉年四月二十二日条）。院政《いんせい》期ごろまで、墓地は出身の氏によって規制されていた。したがって、夫婦が同じ氏の出身ならば問題はないが、藤原氏の男性と源氏の女性が結婚したときなどは、夫婦で別の場所に埋葬されることになる。

十二世紀ごろには夫婦で堂を共有したり、夫婦二つの堂が同一敷地内にならんで建てられることが多くなり、その堂や寺院は二人のあいだの子孫一門の祭祀の場となっていった。こうした寺院のなかに墓所が営まれる場合には、夫・妻ともにそこに埋葬され、夫婦の堂で追善仏事が行われている。藤原経房《つねふさ》と平範家《たいらののりいえ》の娘の夫妻の堂である浄蓮華院《じょうれんげいん》には、その子孫たちの墓が設けられていた。「家」に婚入した女性は、「家」ごとに墓域が区画された一門《いちもん》墓に埋葬されることもあったし、夫の一門の墓所とは異なる地に墓が設けられることもあった。

鎌倉時代の初め、早世した藤原良通《よしみち》の葬送は嵯峨堂《さがどう》で行われたが、遺骨は二つの瓶《かめ》におさめられ、一つは平安時代以来の藤原氏の墳墓地である木幡浄妙《こはたじょうみょう》寺《じ》に送られている。『玉蘂《ぎょくずい》』嘉禎《かてい》元(一二三五)年四月三日条の藤原教実《のりざね》の葬送記事をみると、兼実《かねざね》の子孫一門の墓地である最勝金剛院《さいしょうこうごういん》に埋葬されたが、遺骨の一部は藤原氏の氏墓がある木幡浄妙寺に送られている。この九条流摂関家の例は、氏墓から一門墓への過渡的な状態を示すのであろう。

室町時代の万里小路《までのこうじ》時房《ときふさ》の家の墓は一門の寺院浄蓮華院の一角にあった。墓域には男性個人の石塔がならんでいたが、これとは別に総塔《そうとう》と呼ばれる塔が建てられていた。そこに合祀されているのは白蓮社《びゃくれんしゃ》という別のところに個人墓がある当主の祖母・母などの女性たちである。白蓮社にも男性たちを合祀した総塔が立っていた。万里小路家では、男女別に墳墓の地が異なっていたが、それは出身の氏によって異なるのではなく、婚入した女性もその出身にかかわらず、万里小路家に帰属したうえで、家のなかの男女の違いで墓地が分かれていたのである。追善仏事が行われる寺院もそれと連動していて、男性の仏事が浄蓮華院で行われるのに対して、女性の場合は白蓮社と関係の深い栖賢閣《せいけんかく》という寺院で行われていた。また、男性の月忌《がっき》仏事は禅宗《ぜんしゅう》の僧寺《そうじ》で、女性の月忌仏事は禅宗の尼寺《にじ》でそれぞれ行われている。時房の曾祖父母まではともに浄蓮華院に墓があるから、男女別に分かれたのは十四世紀後半に没した祖父母の代からである。家のなかの男女で追善仏事が行われる寺院が異なるというのは同じころの中原師右《なかはらのもろすけ》の家でもみられる。

死後に送られる称号をみても、一条経嗣《いちじょうつねつぐ》の「成恩寺殿《じょうおんじどの》」と子息兼良《かねよし》の「後成恩寺殿」など父子で称号を引き継ぐケースが多くなる。女性の場合、甘露寺親長《ちかなが》室の「後広大寺《こうだいじ》殿」は姑の房長の室の「広大寺殿」を引き継ぐものであり、家内部での女性の地位が姑から嫁へと引き継がれたことを示している。

▼『石山寺縁起』　近江国《おうみのくに》石山寺の草創と霊験譚《れいげんたん》を説く七巻の絵巻物。前半は鎌倉時代後期の制作であるが、後半は室町時代・江戸時代につくられた。先行する絵巻物作品からモチーフを借用している部分もみられる。

絵巻にみる家内労働

ここまで、主として文字史料から、家のなかでの男女の役割などをみてきた。ここでは絵巻物などの絵画資料から、家内労働を中心に男女に違いをみてみよう。

まずは『石山寺縁起《いしやまでらえんぎ》』▲に描かれた式部少輔《しきぶのしょうゆ》藤原国能《くによし》と前筑前守《ちくぜんのかみ》知房《ともふさ》の娘の家である（六六〜六七ページ参照）。

母屋《おもや》の奥の畳に座り、手紙をしたためているのが国能、そのとなりで箱型の脇息《きょうそく》に膝をつき横たわっているのが妻である。主婦は脇息にもたれかかった姿で描かれていることが少なくない。夫妻の前では四人の女性（一人は尼）が生《き》地《じ》をたち、裁縫をしている。妻の視線は彼女たちの仕事ぶりにそそがれている。妻の監督下に女性たちの家内労働が行われているのであろう。左手奥の一室では、三人の女性が火を使って調理し、料理を盛りつけた高杯《たかつき》を手にしている。母屋《もや》のなかにいる男性家人《けにん》は一人だけで、文書をもち、簀子《すのこ》に座った狩衣《かりぎぬ》姿の他の家人となにやらやりとりをしている。屋敷の奥まった空間は主人家族と、女性の使用人が多く活動する場である。

それに対して男性の家人はこの場面よりも右に描かれた中門廊や侍廊で来客の応対や文書の取り次ぎ、警固などにあたっている（六八上〜六九ページ参照）。もう一カ所、男たちが活動している場が家の裏側に近い厩《うまや》である（六六〜六七ページ下参照）。男が掃き掃除をしたり、馬に飲ませる水を奥の井戸から運んでいる。厩にほど近い簀子に立ち、厩の守り神である猿と戯《たわむ》れているのが、国能夫妻の子息である。やや年長の従者の童《わらわ》が遊び相手になっている。

同じ使用人による調理の場面を描く『春日権現験記絵《かすがごんげんげんきえ》』▲の晴雅律師《せいがりっし》の実家の場面は、男女による分担のようすを描き分けている（六九ページ下参照）。ここでは小刀と台つきの大きなまな板を使うのは男性で、蓮根らしい野菜を切っている。盛りつけをするのも男性である。女性は火加減をみたり、煮炊きをしている。鍋を運ぶのも女性である。二つの絵巻とも、女性が火を使い、煮炊きをする点は共通である。

つぎは庶民の家をみてみよう。十二世紀に成立した『粉河寺縁起《こかわでらえんぎ》』▲の猟師の家（七〇ページ上参照）と鎌倉時代の終りにつくられた『松崎天神縁起《まつざきてんじんえんぎ》』▲の銅細工師の家の場面である（七一ページ上参照）。『粉河寺縁起』には猟師夫婦と二人の子ど

▼**『春日権現験記絵』**　藤原氏の氏神春日社の霊験を描く絵巻物。鎌倉時代後期に藤原公衡《きんひら》がつくらせた。

▼**『粉河寺縁起』**　紀伊《きい》国粉河寺の草創・霊験の二話を描く絵巻物。十二世紀の成立。

▼**『松崎天神縁起』**　周防《すおう》国防府《ほうふ》八幡宮に伝わる『北野《きたの》天神縁起』の異本。一三一一（応長《おうちょう》元）年の成立。

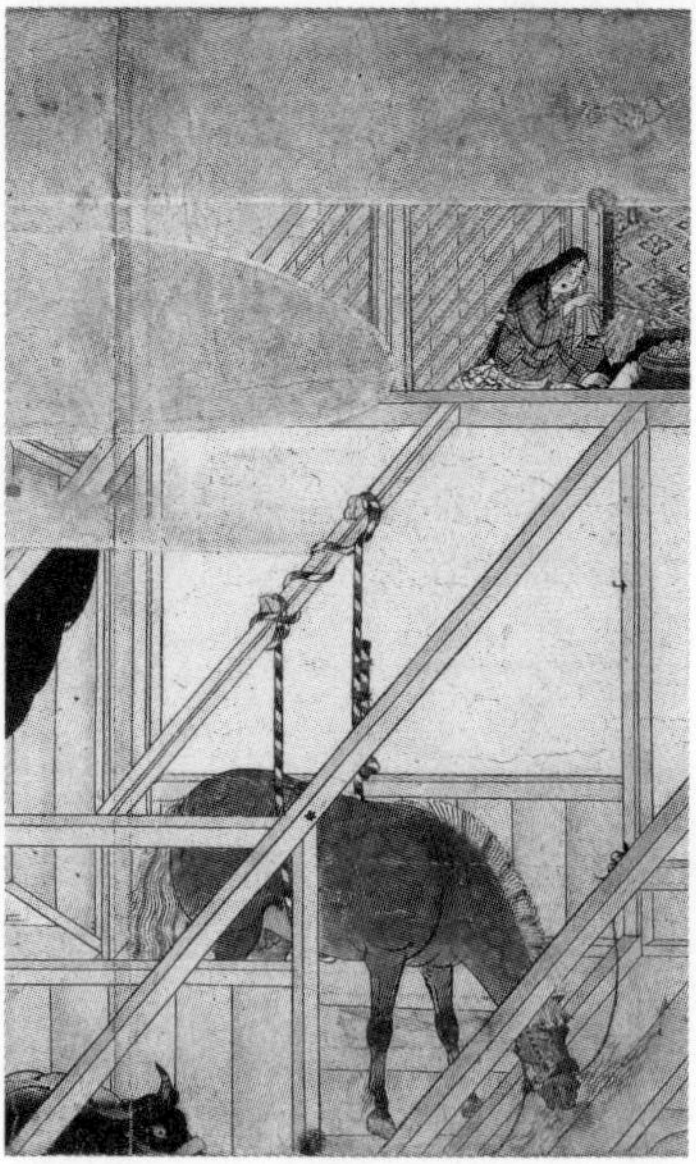

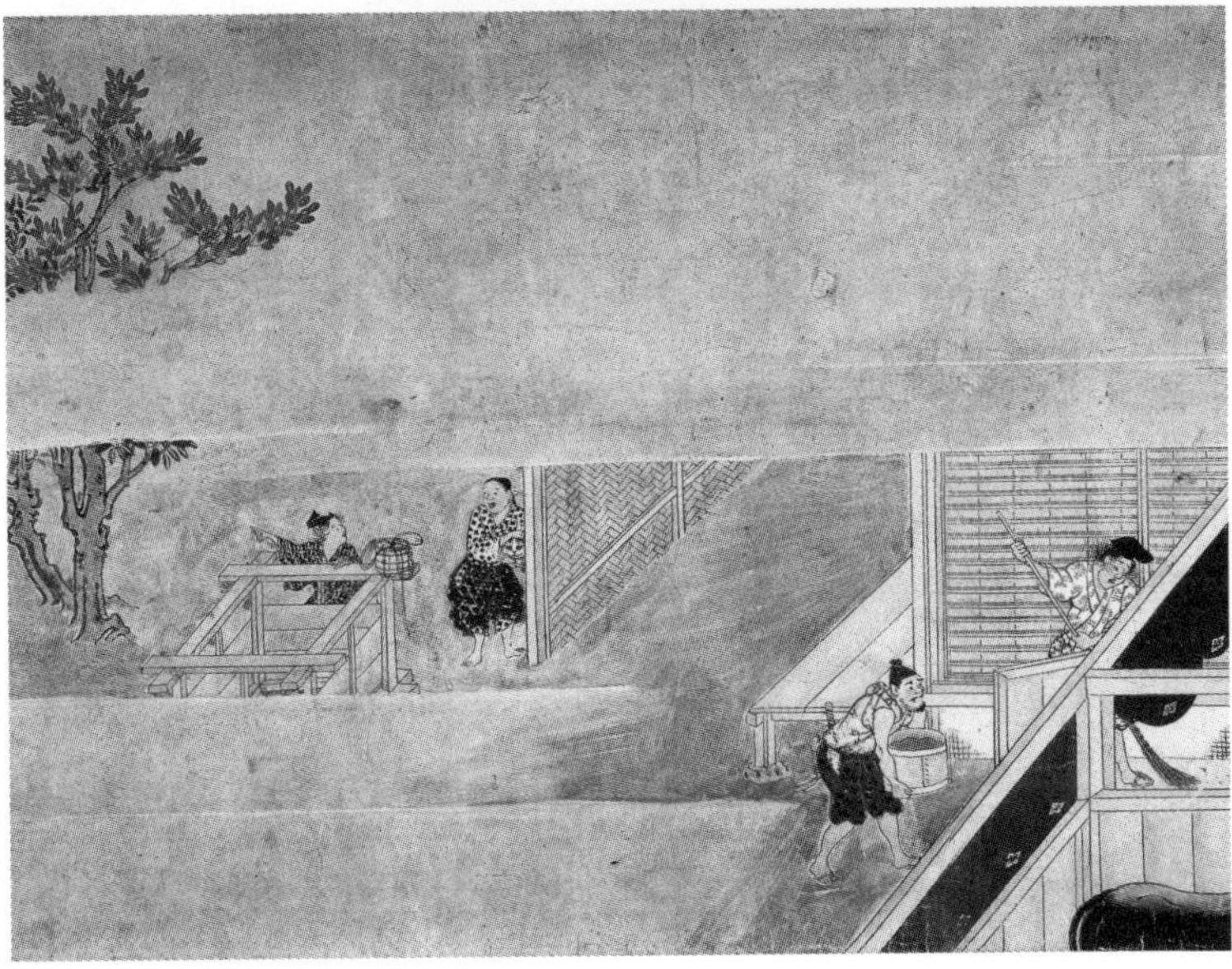

●—藤原国能邸の寝殿(『石山寺縁起』)

●——藤原国能邸の中門廊・侍廊(『石山寺縁起』)

●——晴雅律師の実家の厨房(『春日権現験記絵』)

●—猟師の家(『粉河寺縁起』)

●—猟師の家族が座をたったあとの居室(『粉河寺縁起』)

●──銅細工師の家(『松崎天神縁起』)

●──果物を切る小刀とまな板(『春日権現験記絵』)

もが描かれている。まな板の上の肉を調理しているのは夫であり、『松崎天神縁起』でも夫が小刀と足のついた大型のまな板を使って魚を調理している。ただし、物を切る作業すべてが男によって担われていたわけではなかったようで、七一ページ下の『春日権現験記絵』では少年の枕元に座る女性の近くに足のついていない小型のまな板と小刀がおかれている。まな板の上に載っているのは瓜であるから、調理の必要がなく、小型のまな板の上で簡単に切れる果物などは、女性も切ったのであろう。また、『粉河寺縁起』のつぎの場面では、夫の座っていた近くに飯をいれる飯櫃《めしびつ》が残されているから、飯の給仕も夫の役割だったのかもしれない。『松崎天神縁起』でも火を使った煮炊きは女性が行っている。この女性は主婦ではなく、下女である。男性の主人がみずから調理を行うのと大きく異なり、家内労働力がある家の主婦は炊事などの家事を行わなかったとみられる。

『粉河寺縁起』『松崎天神縁起』ともに乳児が描かれているが、乳児をだき哺乳しているのは女性である。裸かあるいは布にくるまれている乳幼児はほとんどの絵巻で、女性によって世話をされている。もちろん授乳の必要性からの役割である。『松崎天神縁起』の乳幼児が主人夫婦の子どもか下女の子どもか判然としないが、使用人をもっている規模の家では、子どもの養育係として乳母《めのと》がつけられていることが文献史料にも記されている。乳母は実際に乳を飲ませる女性(乳付《ちつけ》)のみではなく、子どもの養育係をさした。男性の養育責任者を乳父《めのと》あるいは乳母夫《めのと》と呼ぶこともあった。『平家物語《へいけものがたり》』は平維盛《たいらのこれもり》の妻の言葉として「人はわが子を、その子の乳母などのもとにおいて、ときどきあうこともある。それでも子どもに対する情愛は悲しいのに、ましてやこの子は産み落としてから一日片時も側から離さず、人のもたない宝をもつようにして、朝晩、父母二人のあいだで育ててきたのだから」と記している(巻一二、六代)。父母二人で育ててきたと語る平維盛の妻のとなりには、その子の乳母がいて、ともに泣き濡れたとあるから、父母のもとで育てられる場合でも、乳母が養育のある程度の部分を担ったのだろう。子どもの養育環境を整えるのは父親のつとめであった。

『石山寺縁起』の大津《おおつ》の浦の場面には、棟続きの家が描かれている(七四ページ上参照)。瓜やわらじなどを売る左の店先では女性がくんできた水を使って洗濯をしている。店のなかにいる裸の幼児は、彼女の子どもであろう。『西行物《さいぎょうもの》

●──大津の浦の民家(『石山寺縁起』)

●──洗濯をする女性(『西行物語絵巻』)

●──洗濯をする女性(『不動利益縁起絵巻』)

語《がたり》絵巻《えまき》▲』や『不《ふ》動《どう》利《り》益《やく》縁《えん》起《ぎ》絵巻《えまき》▲』では、井戸端で若い女性が足踏み洗いの洗濯をしている（七四ページ中・下参照）。洗濯物を干しているのも女性である。寺院を描いた絵巻には稚児が洗濯をしている場面があるが、それ以外のほとんどの絵巻では洗濯は女性の仕事として描かれている。井戸端には女性が描かれていることは多いが、さきの『石山寺縁起』の藤原国能邸では、井戸端には井戸に手をかけた男がおり、馬に飲ませる水は運んでいる男自身がくんだものとみられるから（六七ページ下参照）、井戸は必ずしも女性が独占したものではなかったと考えていいだろう。

店の右のほうでは、老女が糸を紡いでいる。その右手の屋内にいる男と少年は、洗濯をする女性の夫と息子であろうか。『粉河寺縁起』の猟師の家でも、少年の年齢に達した子どもは父親の近くに座ってその世話を受けていたが、この『石山寺縁起』でも女性と幼児、男性と少年という組合せで描かれている。また、『春日権現験記絵』にも老尼が糸を紡いでいる場面があるから（七六ページ上参照）、紡績は比較的高齢者の仕事だったのかもしれない。

『石山寺縁起』の老女の続柄までを読みとるのはむずかしいが、夫・妻のどち

▼『西行物語絵巻』　西行の生涯を描いた絵巻物。二巻のみ現存。十三世紀の作品。

▼『不動利益縁起絵巻』　僧証《しょう》空《くう》が信仰した不動明王《みょうおう》の霊験譚を説く絵巻物。東京国立博物館本は鎌倉時代末期の作。

●──糸繰りする尼(『春日権現験記絵』)

●──長者の蔵(『粉河寺縁起』)

らかの母親である可能性が高いだろう。先に父子二世帯の同居はないと述べたが、夫にさきだたれた女性は息子夫婦と同居して、その扶養を受けることもあったようである。

家中の雑物は女性が管理したといわれる。『石山寺縁起』藤原国能邸の左奥の部屋のように、食器がおかれた部屋には女性が描かれていることが多い。しかし『粉河寺縁起』に描かれた長者の家の蔵の物品を出し入れしているのは男性である（七六ページ下参照）。なかでも左端の男は蔵からだす物品を紙に記す管理責任者であり、記録類に登場する蔵預《くらあずかり》も男性であるから、蔵や蔵にいれるような品は男性が管理し、日常用いる食器などの物品は女性が管理したのであろう。

⑤—さまざまな性

子どものジェンダー

絵《え》巻物《まきもの》に描かれた乳幼児は男女の見分けがつかない。それは髪型や服装にほとんど性差がないためである。たとえば、六六〜六七ページ上の『石山寺縁起《いしやまでらえんぎ》』の藤原国能《ふじわらのくによし》邸の場面で、猿と戯《たわむ》れる簀子《すのこ》の上の子どもをみてほしい。髪型と服装だけでは男の子か女の子かわからない。私たちがこの子どもを少年だとみなすのは、子どもが弓矢をもっているからである。持ち物で鑑賞者に性差を理解させる絵画表現がとられていなかったら、男女の区別をするのはむずかしい。

ある程度の年齢になると、髪型や服装に差がでてくる。庶民の子どもでも、打毬《だきゅう》▲をして遊べるくらいの年齢になると、左端の子どもの先を束ねた長い髪型から女の子とわかるようになる(『西行物語絵巻《さいぎょうものがたりえまき》』)。もう少し上級の階層になると、髪型のみならず、服装でもはっきりと男女差をみることができる。『年《ねん》中行事《じゅうぎょうじ》絵巻▲』の鶏合《とりあわせ》▲の場面、鳥居の左側で見物する扇《おうぎ》をかざした老婆に手を引かれた少女と、老婆から左に二人目の少年である。女の子は長い髪で、袴《はかま》を

▼**打毬**　騎馬または徒歩で、杖《つえ》を使って毛製の鞠《まり》を打つ遊技。

▼**『年中行事絵巻』**　十二世紀に後白河院の命で制作された絵巻物。宮廷《きゅうてい》行事や京都で行われていた民間の年中行事を描く。

▼**鶏合**　雄鶏をたたかわせる遊び。三月三日あるいは三月の最初の巳《み》の日に行われた。

●——打毬をする子どもたち(『西行物語絵巻』)

●——鶏合をみる少女と少年(『年中行事絵巻』)

●——袴をはく少年(上)とはいていない幼児(『春日権現験記絵』)

はき、袿《うちぎ》を着ていて、小柄なことを除けば、外見的には成人女性とほとんど変わらない。狩衣《かりぎぬ》姿の少年も、袴をはいている。庶民の子どもや女性は袴をはいていないが、ある一定の階層以上では子どもも女性も袴をはいていた。

はじめて袴をはく儀礼が着袴《ちゃくこ》である。『玉葉《ぎょくよう》』治承《じしょう》元（一一七七）年二月二十五日条には「姫君〈五歳〉はじめて春日《かすが》御社に参る。……また小童《こわらわ》〈九歳〉密々に相具す。宿所より参社の間、他の車を用うべし。同車すべからざるの由仰せ含めるところなり。これ、くだんの小童着袴の後なり。姫君と同車は理しかるべからず。これをもって別の車を用う」とある。着袴以後は男の子と女の子を同じ車に乗せないのが道理であるから、別の車を用いたというのである。着袴という儀礼によって、子どもにも男女の区別が生じたことを示している。

貴族《きぞく》社会では、子どもながら内裏《だいり》に昇殿できる資格をえる童殿上《わらわてんじょう》や元服《げんぶく》▲前に位を授かる童叙爵《じょしゃく》が行われ、男子はそのときに成人名がつけられて社会の一員となったが、このときの髪型はまだ童の垂髪《すいはつ》であった。男性は元服を機に被《かぶ》り物（冠《かんむり》・烏帽子《えぼし》）をする。被り物は成人男子の証《あかし》であり、貴族や武士に限らず、庶民でも一般成人男子は烏帽子をつけていた。元服に対応する女性の成人儀礼

▼**元服**　男子の成人儀礼。髪に本鳥《もとどり》（髻）を結い、冠・烏帽子などの被り物をかぶった。それにともない装束も改めた。中世の貴族社会では一一歳前後に行われることが多かった。

▼裳着　女子の成人儀礼。裳の腰紐を結び、髪を結い上げた。裳は腰から長くうしろに引きずる衣服。

▼『台記』　左大臣藤原頼長の日記。大部分が散逸したが、一一三六〜五五(保延《ほうえん》二〜久寿《きゅうじゅ》二)年までの記事が残る。

●——藤原頼長(『天子摂関御影《てんしせっかんみえい》』)

は裳着《もぎ》▲であった。男性の被り物と女性の裳は、ともにはっきりとした性差を示すが、裳をつけるのは、貴族の女性の正装時のみであり、しかも、院政《いんせい》期ごろにはある一定の年齢に達したときの儀礼としては行われず、結婚の直前になって急遽行われることが多くなっていた。庶民でも、男性は被り物をすることで子どもとの差は明らかであったし、袴の有無で服装の性差もはっきりとしていた。また女性は大人になると、腰の辺りに褶《しびら》と呼ばれる布をつけた。前掛けをうしろにまわしたようなもので、七四ページ中の洗濯物を干している女性がつけているのがそれである。必ずしもすべての女性がつけているわけではないが、子どもはつけていないから、大人の女性の労働着として、庶民の成人女性を象徴する意味はあったのだろう。

ボーダーレスな性

赤裸々な性生活の告白記事を載せることでも知られる藤原頼長《よりなが》の『台記《たいき》』▲久《きゅう》安《あん》三(一一四七)年七月二十日条には「今日、千手供三壇結願《せんじゅぐさんだんけちがん》なり。……四月七日より始めて今日に至るまで一百八日、その間、余、千手陀羅尼《だらに》五千遍・礼拝《らいはい》三千三百三十遍に満ち、魚を食せず、女男を犯さず。これ八三の除病・延命を祈るなり」とあり、翌二十一日条には「巳《み》の刻《こく》（午前一〇時ころ）、家に帰り、始めて魚を食し、男女を犯す」と記されている。性交は不浄なものと考えられており、仏事・神事のあいだは魚食とともにタブーであった。

この日記に「男女を犯す」とあるのは頼長が両性愛者だったからである。日記には七人の貴族との同性愛関係のほか、随身《ずいじん》▲や武士、さらに身分の低い雑色《ぞうしき》▲との情交も記されている。頼長が不浄をたって除病・延命を願った人「八三」とは、男色《なんしょく》相手の随身秦公春《はたのきみはる》のことなのである。院政期には「男女の殊寵《しゅちょう》多き」といわれた白河《しらかわ》院や鳥羽《とば》院・後白河《ごしらかわ》院をはじめ、摂関家《せっかんけ》の藤原忠通《ただみち》・藤原基通《もとみち》など政治の中枢に多くの両性愛者がいた。院の近臣《きんしん》藤原信頼《のぶより》や摂関家の家司《けいし》平《たいらの》範家《のりいえ》なども主人と同性愛関係にあったことが知られている。平家《へいけ》の都《みやこ》落ちにもかかわらず、平家に擁立されていた基通がそのまま摂政《せっしょう》の地位に就けた一因は、後白河院との同性愛関係だったと藤原兼実《かねざね》が指摘しているように（『玉葉』寿永《じゅえい》二〈一一八三〉年八月二日・十八日条）、上皇《じょうこう》や貴族たちの性愛関係は政治を左右するものにもなっていた。

▼**随身**　上皇・摂関・近衛大将などの護衛にあたった近衛府の下級官人や舎人《とねり》。

●——随身（『随身庭騎《ていき》絵巻』より）

▼**雑色**　諸官司や家政機関で働く下級の職員。

頼長が愛した男の多くは、容貌の優美、行列でのはなやかさを競う近衛府《このえふ》の中将《ちゅうじょう》や官人《かんじん》であった。四天王寺《してんのうじ》に参詣した鳥羽法皇《ほうおう》が「この寺の舞人の中に容貌壮麗の者がいる。今日はその人がいるか」とたずねたのに対して、頼長は「おります」と答えた。頼長はこれについて「法皇は人となりの美しい人を好むから、こんなことをいったのだ」と解説している。翌日頼長は、その美しい舞人公方《きみかた》を宿所に引き入れ、そのつぎの日も公方を召した（『台記』久安三年九月十二～十四日条）。美しい男性を愛する同性愛は、寺院での稚児《ちご》愛などにも共通するものである。

こうした両性愛の背景には、ユニセックスの美意識があった。武田佐知子氏は『源氏物語《げんじものがたり》』や『とりかえばや』▲などの物語から、男女の理想像がボーダーレスで、「女のように美しい」という女性の魅力に近似した形で最高の男性の魅力が評価されていることを指摘している。「雄々しい男」と「美しい女」とが対比されたうえで、「美しい男」が求められているのであり、ボーダーレスではあっても、けっしてジェンダーレスではなかった。

ボーダーレスの美意識は、異性装にもあらわれている。もともと男女ともに

▼『とりかえばや』　平安末期に成立した物語。大納言《だいなごん》が二人の子ども（兄妹）を男女入れかえて育て、成人後それぞれ数奇な運命をたどるという話。

●—稚児と僧侶(『法然《ほうねん》上人《しょうにん》絵伝《えでん》』)

●—同衾《どうきん》する女房(『春日《かすが》権現《ごんげん》験記《げんき》絵《え》』)

●—小弓(『慕帰《ぼき》絵詞《えことば》』より)

●—水干姿で舞う童（『法然上人絵伝』より）

●—白拍子（『鶴岡《つるがおか》放生会《ほうじょうえ》職人《しょくにん》歌合《うたあわせ》』）

▼小袖　筒袖《つつそで》の下着。

直裁的で体の線がでない服装であり、紅袴《くれないのはかま》に白の生衣《すずし》の単衣《ひとえ》という下着は男女で変わらなかったことも異性装を受け入れやすくしていた。

鎌倉時代、後深草院《ごふかくさ》と亀山院《かめやま》が小弓《こゆみ》（八四ページ下参照）の勝負をして、負けた後深草院が主催する宴会は、女房《にょうぼう》二四人を水干《すいかん》袴の童姿に仕立てて蹴鞠《けまり》のまねをさせるという趣向がこらされた（『とはずがたり』）。男装の女性芸能といえば白拍子舞《しらびょうしまい》だろう。『徒然草《つれづれぐさ》』は白拍子舞の装束を「白き水干にさう巻をさゝせ、烏帽子を引き入たりければ、男舞とぞいひける」と表現している（新日本古典文学大系本二二五段）。水干姿に短刀をさし、立烏帽子をかぶる男装であった。女性のジェンダーを象徴する長い髪は烏帽子のなかにいれられたと考えられる。なぜなら、この時代の立烏帽子は懸緒《かけお》を顎《あご》の下で結ぶのではなく、烏帽子の内側で髪の毛（本鳥《もとどり》）に結びつける着用法だったからである。室町時代に書かれた『義経記《ぎけいき》』での白拍子静《しずか》の装束は「白き小袖《こそで》▲一襲《かさね》、唐綾《からあや》を上に引重ねて、白き袴踏みしだき、割菱《わりびし》縫いたる水干に、丈なる髪高らかに結ひなして、此程の歎きに面痩せて、薄化粧眉ほそやかに作りなし、皆紅の扇《おうぎ》を開き、宝殿に向ひて立ちたりける」となっており（日本古典文学大系本）、水干に、女性の長い髪という、

●──遊女(『鶴岡放生会職人歌合』)

童に近い中性的な装束だった。芸能における性の超越や倒錯は、興あるものとして中世の貴族たちに好まれたのである。

婚外性愛と性の主従化

父の仇討ちを決意した曾我十郎《そがのじゅうろう》は、宿・津の白拍子や傾城《けいせい》(遊女)のもとにかよった。これは結婚して妻妾を迎えると彼女たちに罪科がかかると考えたからであった。遊女とのあいだに子どもができることもある。十郎が馴染《なじ》んだ大《おお》磯《いそ》の虎という遊女は、平塚宿《ひらつかしゅく》の夜叉王《やしゃおう》という傾城と宮内判官家長《みやうちほうがんいえなが》という京下りの下級貴族とのあいだに生まれた子どもであった。彼女は相模国《さがみのくに》海老《えび》名《な》に身をよせていた家長のもとで育てられたが、家長が死んで養育者を失うと、母とともに平塚宿で暮し、その後、大磯の遊女の長者に引きとられている(『真《ま》名《な》本《ぼん》曾我物語』)。公卿《くぎょう》となった貴族たちでも、白拍子や遊女を母にもつ者がみられるから(『公卿補任《ぶにん》』)、遊女の子どもも父親の庇護があれば、その家の子として社会的地位を獲得することができたのである。

妻のいる男も遊女たちと遊んだ。藤原頼長は高野山《こうやさん》参詣の帰路、淀川《よどがわ》河口に位置する江口《えぐち》の遊女を船中に招き、性的関係をもったと日記に書いている(『台記』久安四〈一一四八〉年三月二十一日条)。

　正妻以外の女性を妾《しょう》とすることも珍しくはない。源頼朝《みなもとのよりとも》は亀前《かめのまえ》という愛妾を鎌倉郊外の御家人《ごけにん》の家においていた。正妻の政子《まさこ》からは認めがたいものであったから、政子は亀前をかくまっていた御家人の家を破却させている。それでも頼朝は、鎌倉からやや離れた御家人の家に転々と彼女をあずけた(『吾妻鏡《あずまかがみ》』寿《じゅ》永《えい》元〈一一八二〉年六月一日・十一月十日条ほか)。『吾妻鏡』は頼朝と亀前との性的関係を「通」と記しているが、『明月記《めいげつき》』など貴族の日記では、婚姻外の性的関係、とくに社会的に認知しがたい性的関係を「通」(通ず)あるいは「密通」と表現していることも多い。

　『公卿補任』▲は、原則として各人の初出の個所に、それまでの経歴とともに、誰の息子か、母は誰かが記載されている。その家の仕女が母であることを示す「家の女房」の記載は安元《あんげん》二(一一七六)年条の藤原隆忠《たかただ》(関白《かんぱく》藤原基房《もとふさ》の男、母は家女房故内大臣《ないだいじん》藤原公教《きんのり》の娘)からみられ、十三世紀半ば以降増加して鎌倉時代末までに摂関家や清華家《せいがけ》を中心に三二人を数える。主人と女性の家人《けにん》とのあいだ

▼『公卿補任』　参議、三位以上の公卿の名簿。十一世紀までに成立し、書き継がれた。

に性的な関係が生じることは、ままみられることであった。藤原定嗣《さだつぐ》は正妻が女子を産んだ一〇日後に、そうした出来事があったことを日記に記している。「家の陪女《ばいじょ》〈時継《ときつぐ》の女〉男子を生むと云々。予、年来邪淫戒《じゃいんかい》を持ちおわんぬ。しかるを不慮に一夜の犯により、一子を生む。希代の事なり」(『葉黄記《ようこうき》』宝治《ほうじ》二〈一二四八〉年十二月二十四日条)。家女房は定嗣家をでて子どもを産んだ。その子が定嗣の嫡子定藤《さだふじ》である。この記事がなければ、正妻に男子が生まれなかったので、後継者となる男子を生ませるために「家の女房」を妾としたと説明されてしまったであろう。中世前期の他の日記では、妾と正妻を同居させることが非難されているから、その後も定嗣と妾とは別居だったと考えられる。

しかし、中世後期になると、正妻と妾の同居が行われている。万里小路時房《までのこうじときふさ》の実母は、万里小路家と親交のあった見善尼《けんぜんに》の推薦で年少の万里小路嗣房《つぐふさ》に仕えるようになり、小上臈《こじょうろう》、のち近衛局《このえのつぼね》と称されていた。嗣房と近衛局とのあいだに生まれたのが、時房と妹徹堂尼《てつどうに》である。嗣房なきあと、近衛局は落髪したが、そのまま万里小路家に残り、嗣房の正妻東向《ひがしむき》(甘露寺藤長《かんろじふじなが》の娘)に偽りなく仕えた。東向の死後は、時房の実母として家務を取り仕切り、西向《にしむき》と称されたという(『建内記《けんないき》』嘉吉《かきつ》二〈一四四二〉年二月二十六日条)。嗣房在世中の万里小路家には、嗣房の妻妾が同居していたことになる。しかも近衛局は「家」の女房として、正妻にも仕えていたのである。

本来、家長《かちょう》・家室《かしつ》として一対になる夫婦関係が存在しない「家」が中世後期にはみられるようになる。その代表的なものが天皇家や伏見宮家《ふしみのみやけ》▲である。鎌倉時代には摂関家あるいは清華家出身の女性が天皇の配偶者となり、皇后や中宮《ちゅうぐう》▲に立てられていた。幼帝の准母《じゅんぼ》▲として未婚の内親王《ないしんのう》が立てられたり、天皇の近親の内親王に対する処遇として立后されることもあったが、多くの皇后・中宮は天皇の正妻であった。しかし、南北朝《なんぼくちょう》以降、皇后・中宮という存在はなくなり、天皇家と摂関家との婚姻関係もなくなる。

もちろん、天皇が女性との性的関係をもたなくなったわけではない。天皇の性の対象は、天皇に仕える禁裏《きんり》女房であった。

三条公忠《さんじょうきんただ》の娘は二二歳で「内裏上臈局」となって宮仕えした。宮仕えが天皇との性的関係を含むものであったことは公忠もわかっていた。彼女が後円融《ごえんゆう》天皇の子ども(のちの後小松《ごこまつ》天皇)を産んだのはその五年後である。皇子出産後も、

▼**伏見宮家**　南北朝内乱のなかで即位を果たせなかった崇光《すこう》天皇の第一皇子栄仁《よしひと》親王を祖とする宮家。

▼**皇后と中宮**　天皇の正妻。中宮は本来皇后の別称であったが、平安時代中期以降は並置された。十一世紀末からは天皇の配偶者ではない未婚の内親王に皇后の待遇をあたえることも行われた。

▼**准母**　天皇の母に準じた女性。未婚の内親王に皇后・女院《にょいん》の待遇をあたえる際にとられた形だけの擬制的親子関係である。

女房奉書《ほうしょ》▲の奉者となるなど、これまでどおりの女房勤めを行った。子の後小松即位後も、彼女は仙洞《せんとう》上臈局と称され、宮仕えを続けている。普段彼女は局に居住し、後円融から内侍《ないし》▲を通じて召しがあると寝所に参上した。後円融上皇と性的関係をもった女房は上臈局だけではなく、四条隆郷《しじょうたかさと》の娘の帥典侍《そちのないしのすけ》や橘知繁《たちばなのともしげ》の娘按察《あぜち》局も「仙洞の御愛物《あいぶつ》」であった。内裏や院御所《いんのごしょ》のなかの局に居住し、日常的には宮仕えのさまざまな職務をこなす女房たちは、天皇（上皇）の愛人という側面ももち、召しによって寝所に参上し性的関係をもった。天皇と女房の関係は、天皇と皇后のようなほぼ対等で公的な関係ではなく、主人と従者の関係であった。天皇の性が「家」のなかに閉じこめられたために、性と結びついた家父長《かふちょう》としての権限（とくに主人権）が強化されてしまったといえよう。

公忠の娘が国母厳子《こくぼげんし》として准后《じゅごう》▲の宣下を受けるのは、後円融の死後、四二歳のときである。後円融の死によって、ようやく二〇年以上におよぶ女房としての拘束から放たれ、後小松天皇の国母としての高い地位をえることができた。さきの万里小路家の近衛局も、夫さらに正妻のなきあとの家に残り続けて、家長となった実子との関係で、公家の妻に対する呼称である向名《むきな》と主婦の地位を

▼**女房奉書**　天皇・上皇のおおせを側近の女房が奉じた文書。仮名の散らし書きで書かれた。

▼**内侍**　後宮十二司《こうきゅうじゅうにし》の一つ内侍司《ないしし》の女官《にょかん》のうち、三等官にあたる掌侍《ないしのじょう》のこと。その第一が勾当《こうとう》内侍で、物品管理や天皇への取次ぎをおもな任務とした。

▼**准后**　太皇太后《たいこうたいごう》・皇太后・皇后の三宮の待遇をあたえられた人。

獲得したのである。

天皇家に正妻があらわれるのは、一六二四(寛永元《かんえい》)年、徳川秀忠《とくがわひでただ》の娘和子《かずこ》が後水尾《ごみずのお》天皇に嫁し、中宮に立てられたときである。それは天皇の性が「家」のなかの主従関係の枠から解き放たれ、ふたたび政治性をおびた瞬間であった。

●——写真所蔵・提供者一覧(敬称略, 五十音順)

安養院・鎌倉国宝館　　p. 1
石山寺　　カバー表, p. 66・67, 68上・69, 74上
願成就院　　p. 20
京都大学総合博物館・『京都大学文学部博物館図録第 5 冊　公家と儀式』思文閣出版, 1991年より　　p. 8
京都大学総合博物館・京都大学文学部日本史古文書室　　p. 36
京都大学附属図書館　　p. 40
宮内庁三の丸尚蔵館　　カバー裏, 扉, p. 24, 29, 69下, 71下, 76上, 79下, 81, 84中
国(文化庁)保管・中央公論新社　　p. 79上
粉河寺・東京国立博物館　　p. 70, 76下
国立歴史民俗博物館　　p. 12
個人蔵・鹿児島県歴史資料センター黎明館寄託・横須賀市提供　　p. 13下左
個人蔵・東京国立博物館　　p. 85左, 86
浄楽寺・横須賀市　　p. 13下右
田中家・東京国立博物館　　p. 79中
知恩院・東京国立博物館　　p. 84上
東京国立博物館　　p. 74下
東京大学文学部　　p. 58
徳川美術館　　p. 74中
独立行政法人国立公文書館　　p. 39
中条町教育委員会　　p. 50
二尊院　　p. 59
韮山町教育委員会　　p. 23上
蜂前神社蔵・細江町立歴史民俗資料館保管・静岡県立中央図書館歴史文化情報センター提供　　p. 48下
薬師寺・飛鳥園　　p. 56
山形大学附属図書館　　p. 15上・下
山口県防府天満宮・東京国立博物館　　p. 71上
米沢市(上杉博物館)　　p. 30
来福寺・三浦市教育委員会　　p. 13上
龍潭寺蔵・東京大学史料編纂所所蔵影写本・静岡県立中央図書館歴史文化情報センター提供　　p. 48上
早稲田大学図書館　　p. 3, 45
イラスト：橋本哲　　p. 82, 84下, 85右

田端泰子・細川涼一『日本の中世４　女人，老人，子ども』中央公論新社，2002年
玉井力『平安時代の貴族と天皇』岩波書店，2000年
東野治之「日記にみる藤原頼長の男色関係」『ヒストリア』84号，1979年
野村育世「家領の相続に見る九条家」『日本歴史』481号，1988年
羽下徳彦「家と一族」『日本の社会史６　社会的諸集団』岩波書店，1988年
平山敏治郎『日本中世家族の研究』法政大学出版局，1980年
服藤早苗『家成立史の研究』校倉書房，1991年
服藤早苗『平安朝の家と女性』平凡社，1997年
藤原良章・五味文彦編『絵巻に中世を読む』吉川弘文館，1995年
保立道久『中世の女の一生』洋泉社，1999年
槇道雄『院政時代史論集』続群書類従完成会，1993年
松薗斉『日記の家』吉川弘文館，1997年
結城陸郎編『日本子どもの歴史２　乱世の子ども』第一法規出版，1977年
脇田晴子『女性芸能の源流』角川書店，2001年

●―参考文献

秋山喜代子「乳父について」『史学雑誌』99編7号, 1990年
飯沼賢司「女性名から見た中世の女性の社会的位置」『歴史評論』443号, 1987年
飯沼賢司「中世前期の女性の生涯」『日本女性生活史2　中世』東京大学出版会, 1990年
伊藤唯真「『師守記』にみる中世葬祭仏教」『葬送墓制研究集成』5, 名著出版, 1979年
大隅和雄『愚管抄を読む』平凡社, 1986年
小和田哲男「『女性地頭』次郎法師」『引佐町史』上, 引佐町, 1991年
勝浦令子『女の信心』平凡社, 1995年
金井静香『中世公家領の研究』思文閣出版, 1999年
川上貢『日本中世住宅の研究』墨水書房, 1967年
京楽真帆子「平安時代の『家』と寺」『日本史研究』346号, 1991年
桑山浩然「三条公忠女厳子の後宮生活」『女性史学』11号, 2001年
後藤みち子『中世公家の家と女性』吉川弘文館, 2002年
五味文彦『院政期社会の研究』山川出版社, 1984年
菅原正子『中世公家の経済と文化』吉川弘文館, 1998年
高橋秀樹「京の子ども, 鎌倉の子ども」『鎌倉』74号, 1994年
高橋秀樹「室町を生きた女性たち」『歴史読本』1994年6月号
高橋秀樹『日本中世の家と親族』吉川弘文館, 1996年
高橋秀樹「越後和田氏の動向と中世家族の諸問題」『三浦一族研究』創刊号, 1997年
高橋秀樹「寝殿造の中の日常」『古代・王朝人の暮らし』つくばね舎, 1998年
高橋秀樹「明月記」『歴史物語講座7　時代と文化』風間書房, 1998年
高橋秀樹「家と芸能」『芸能の中世』吉川弘文館, 2000年
高橋秀樹「古代・中世の父」『シリーズ比較家族　父』早稲田大学出版部, 2003年
高群逸枝『招婿婚の研究　高群逸枝全集2・3』理論社, 1966年
高群逸枝『平安鎌倉室町家族の研究』国書刊行会, 1985年
武田佐知子「男装・女装」『ジェンダーの日本史』上, 東京大学出版会, 1994年

日本史リブレット 20

中世《ちゅうせい》の家《いえ》と性《せい》

2004年4月25日　1版1刷　発行
2021年9月5日　1版5刷　発行

著者：高橋秀樹《たかはしひでき》

発行者：野澤武史

発行所：株式会社 山川出版社

〒101－0047　東京都千代田区内神田1－13－13
電話　03(3293)8131(営業)
　　　03(3293)8135(編集)
https://www.yamakawa.co.jp/
振替　00120-9-43993

印刷所：明和印刷株式会社

製本所：株式会社 ブロケード

装幀：菊地信義

Printed in Japan ISBN 978-4-634-54200-6

日本史リブレット　第Ⅰ期［68巻］・第Ⅱ期［33巻］　全101巻

1 旧石器時代の社会と文化
2 縄文の豊かさと限界
3 弥生の村
4 古墳とその時代
5 大王と地方豪族
6 藤原京の形成
7 古代都市平城京の世界
8 古代の地方官衙と社会
9 漢字文化の成り立ちと展開
10 平安京の暮らしと行政
11 蝦夷の地と古代国家
12 受領と地方社会
13 出雲国風土記と古代遺跡
14 東アジア世界と古代の日本
15 地下から出土した文字
16 古代・中世の女性と仏教
17 古代寺院の成立と展開
18 都市平泉の遺産
19 中世に国家はあったか
20 中世の家と性
21 武家の古都、鎌倉
22 中世の天皇観
23 環境歴史学とはなにか
24 武士と荘園支配
25 中世のみちと都市
26 戦国時代、村と町のかたち
27 破産者たちの中世
28 境界をまたぐ人びと
29 石造物が語る中世職能集団
30 中世の日記の世界
31 板碑と石塔の祈り
32 中世の神と仏
33 中世社会と現代
34 秀吉の朝鮮侵略
35 町屋と町並み
36 江戸幕府と朝廷
37 キリシタン禁制と民衆の宗教
38 慶安の触書は出されたか
39 近世村人のライフサイクル
40 都市大坂と非人
41 対馬からみた日朝関係
42 琉球の王権とグスク
43 琉球と日本・中国
44 描かれた近世都市
45 武家奉公人と労働社会
46 天文方と陰陽道
47 海の道、川の道
48 近世の三大改革
49 八州廻りと博徒
50 アイヌ民族の軌跡
51 錦絵を読む
52 草山の語る近世
53 21世紀の「江戸」
54 近代歌謡の軌跡
55 日本近代漫画の誕生
56 海を渡った日本人
57 近代日本とアイヌ社会
58 スポーツと政治
59 近代化の旗手、鉄道
60 情報化と国家・企業
61 民衆宗教と国家神道
62 日本社会保険の成立
63 歴史としての環境問題
64 近代日本の海外学術調査
65 戦争と知識人
66 現代日本と沖縄
67 新安保体制下の日米関係
68 戦後補償から考える日本とアジア
69 遺跡からみた古代の駅家
70 古代の日本と加耶
71 飛鳥の宮と寺
72 古代東国の石碑
73 律令制とはなにか
74 正倉院宝物の世界
75 日宋貿易と「硫黄の道」
76 荘園絵図が語る古代・中世
77 対馬と海峡の中世史
78 中世の書物と学問
79 史料としての猫絵
80 寺社と芸能の中世
81 一揆の世界と法
82 戦国時代の天皇
83 日本史のなかの戦国時代
84 兵と農の分離
85 江戸時代のお触れ
86 江戸時代の神社
87 大名屋敷と江戸遺跡
88 近世商人と市場
89 近世鉱山をささえた人びと
90 「資源繁殖の時代」と日本の漁業
91 江戸の浄瑠璃文化
92 江戸時代の老いと看取り
93 近世の淀川治水
94 日本民俗学の開拓者たち
95 軍用地と都市・民衆
96 感染症の近代史
97 陵墓と文化財の近代
98 徳富蘇峰と大日本言論報国会
99 労働力動員と強制連行
100 科学技術政策
101 占領・復興期の日米関係